LA RENCONTRE D'UN HOMME ET D'UNE FEMME

LE POURQUOI
ET LES CONSÉQUENCES SUR L'ENFANT

Jean-Claude FAIRAND

La rencontre d'un homme et d'une femme

Le Pourquoi

Et les conséquences sur l'enfant

Une analyse de la construction de la relation
entre les Êtres humains
Et des sous-entendus qui y participent

Éditions Baudelaire

Peinture en couverture « Rencontre » réalisée par Jenny Van Huyse-Fairand

Envois de manuscrits :
Éditions Baudelaire – 11, cours Vitton – 69452 Lyon Cedex 06

Remerciements

À mes parents qui par leur rencontre, m'ont permis d'être là,

À mon père, pour la rencontre de l'homme, de son amour, sa pudeur, sa considération et sa validation,

À ma mère, pour la rencontre avec son exigence, ses blessures et son amour, qui m'a permis d'être sur le chemin de la réflexion,

À mon frère, rencontre avec un modèle qui comme aîné, m'a montré les portes ouvertes et fermées,

À la rencontre de la mère de mes trois enfants qui m'a permis de vivre cette place de père,

À la rencontre de mes enfants, mon fils et mes deux filles, je les remercie pour ce qu'ils ont été et ce qu'ils sont devenus, pour ce qu'ils m'ont permis de vivre dans mon rôle de père et par l'amour qu'ils continuent de me donner,

À la rencontre de mes cinq petits-enfants qui viennent éclairer le sens de ma vie,

À la rencontre de ma femme que je remercie pour l'amour et la considération qu'elle me donne et cet accompagnement sur le chemin de la Vie,

À la rencontre de mes clients, que je remercie pour la confiance qu'ils m'ont manifestée,

À la rencontre de mes formateurs qui par leur connaissance m'ont permis d'avancer dans la confiance de mon ressenti,

À toutes ces rencontres qui m'ont permis de développer mon attention et ma curiosité pour comprendre la construction de la pensée et des relations humaines.

À mes proches qui se sont autorisés à rencontrer et superviser mon manuscrit par une lecture exigeante et impartiale.

La rencontre du lecteur avec le contenu de ce livre,

Chacun, en fonction de son parcours d'enfant,

Va en tirer une vision et une compréhension

Qui restera la somme de l'investissement

Nécessaire pour sortir de sa perception du monde

Et pour rencontrer un autre paradigme !

Bonne lecture

Introduction

Ce livre propose une réflexion sur le pourquoi de la souffrance des gens, de voir comment l'individu s'ingénie à entretenir un dysfonctionnement et à partir de quels paradigmes.

La recherche que ce livre propose, c'est de comprendre à quel impute la personne obéit pour rester dans une dépendance à un dysfonctionnement, ce qui sous-tend de la souffrance et de ne pas avoir accès à ses ressources, donc à ses compétences.

La recherche du programme qui est à l'origine de cette soumission devient le fil conducteur de la réflexion et des constats proposés qui en découlent ; trouver le sens du comportement pour ne pas rester sur un jugement de valeur qui ne conduirait qu'à maintenir l'homéostasie en la renforçant.

Les histoires décrites dans cet ouvrage, sont issues d'une synthèse des constructions du monde de certains systèmes familiaux que j'ai pu rencontrer dans l'exercice de ma profession.

Toute ressemblance de quoi que ce soit avec soi ou une personne connue, n'est que la projection normale de toute personne face à quelque chose de nouveau. Nous recherchons pour nous rassurer à trouver du connu.

Nous avons en nous tous les scénarios de vie, à dose homéopathique ou allopathique, d'où la résonance plus ou moins forte à toutes les histoires que nous rencontrons.

Les tribulations de quelqu'un
Qui est venu au monde comme un individu
Et qui a essayé tout au long de sa vie
De lutter pour ne pas prendre une place que le
programme familial voulait lui voir prendre
« De devenir une *personne* »

Personne

Ce n'est probablement pas par un pur hasard historique que le mot Personne dans son sens premier, signifie un masque. C'est plutôt la reconnaissance du fait que tout le monde, toujours et partout joue un rôle plus ou moins consciemment. C'est dans ces rôles que nous nous connaissons les uns les autres et que nous nous connaissons nous-mêmes.

En un sens et pour autant qu'il représente l'idée que nous nous faisons de nous-mêmes, le rôle que nous nous efforçons d'assumer, ce masque est notre vrai moi, le moi que nous voudrions être.

À la longue l'idée que nous avons de notre rôle devient une seconde nature et une partie intégrante de notre personnalité.

Nous venons au monde comme un individu, nous assumons un personnage et nous devenons des personnes.

La mise en scène de la vie quotidienne de Robert E. Park.

*

La première phase de ma vie fut donc d'obéir à cet héritage familial.

Je vais essayer de me servir de la compréhension de mon héritage et de toutes les déclinaisons possibles, conséquence de mon parcours, en tant qu'enfant, homme dans ma vie privée et publique et comme thérapeute pour essayer de mettre en lumière des cas cliniques.

Ces cas sont pour chaque personne des vécus de la petite enfance, très souvent oubliés et des acquis anciens vécus par les ancêtres qui deviennent des innés, sous-entendus dont nous n'avons pas conscience.

Donc pas de possibilités de faire autrement que d'obéir et de subir.

Imaginons l'individu comme un croûton de pain qui trempe dans une soupe, genre soupe à la **T**omate, à l'**O**ignon, à la **C**arotte.

T **O** **C**

Si ce croûton est imprégné du jus de la soupe à la tomate, la qualité de la soupe dépend de la qualité des tomates, de là où elles ont poussé, dans un champ, dans un jardin, dans une serre, et des variations climatiques : trop ou pas assez de soleil, trop ou pas assez de pluie. Les tomates vont être trop mûres ou trop acides, voire avec trop de pépins.

L'enfant qui vient de naître est lui aussi imprégné du jus de sa famille. La qualité de la famille dépend d'où elle a vécu, à la campagne, en ville, dans un château, avec plus ou moins d'amour, plus ou moins d'attention, il y aura donc plus ou moins de blessures donc plus ou moins de souffrance.

L'individu se pose plein de questions, mais comme il n'a pas toutes les réponses, il est insécurisé, au point d'avoir de l'angoisse voire des **T.O.C.** (***T**roubles **O**bsessionnels **C**ompulsifs*). Ce qui est sûr c'est qu'il ira vers du connu car le connu rassure.

S'il vient d'une famille soupe à la tomate il ira au marché pour acheter des tomates. Quand il se retrouvera devant le marchand de tomates et qu'il verra arriver quelqu'un, qui lui aussi vient avec le panier de sa grand-mère pour faire ses courses de tomates et que, se regardant, ils deviendront tout rouge comme des tomates (*c'est une réaction physiologique, mais ce n'est pas poétique alors ils appellent cela l'amour, la passion, le coup de foudre*) alors ils achèteront.

Quand il part de son système familial dans lequel il était dans du connu, il va dans sa quête de se rassurer, chercher un lien avec une personne. Ceci va lui permettre de retrouver ce qu'il a déjà vécu dans un copier-coller ou dans de l'inverse, les variantes sont acceptées, mais la trame de fond reste bien sûr identique au connu.

Tout individu dans son enfance vit des choses, des événements plus ou moins difficiles, conséquence de la vie dans le système familial. Il pourra avoir un côté prépondérant, victime (V) ou bourreau (B), une variante la posture de sauveur ou de héros qui porte les deux tendances.

Il peut rencontrer un bourreau

Victime + Bourreau

Pour revivre des scénarios hérités ou vécus de son système familial, les variantes sont le fruit des spécificités des relations qu'il a eu avec chacun de ses parents mais aussi avec l'image que ses parents lui ont donnée de la relation avec les autres et entre eux dans leur relation de couple.

Dans ce scénario il aura la posture de la victime soumise ou rebelle, le besoin de subir dans la continuité ou d'être rebelle sans pouvoir dépasser la soumission et de rester loyal à la dépendance et l'immobilisme vécus et hérités de son système.

Il pourra aussi se mettre en posture de soumission comme un de ses parents a pu le vivre et rejouer le même scénario sans pouvoir faire mieux ou à l'inverse partir de la situation et réussir là où le parent aurait échoué.

Il peut aussi rencontrer une victime

Victime + Victime

Il y aura un certain nombre de scénarios où le couple adulte « miroirs conscients » pourra s'aider à réparer et dépasser les blessures et les difficultés et devenir dans le meilleur des cas un couple en évolution dit « couple thérapeutique ».

Ils pourront trouver un équilibre dans lequel chacun avec ses blessures construira une vision du monde où l'évitement de la souffrance sera le but et le moyen de relationner : « finalité de maintenir l'état de dépendance et de croyance »

Cet équilibre se maintient souvent dans la souffrance avec des supports tels que : conduites addictives, alcool, médicament, drogue, mais aussi le travail, la sexualité. Deux personnes en souffrances qui s'entraident en restant loyal à leur vécu d'enfant.

Cet équilibre est souvent remis en question quand l'enfant arrive, il vient rompre le lien précaire qui maintenait cette forme de relation.

Le hasard, on peut supposer qu'il n'existe pas.

Quand on rencontre quelqu'un et qu'il y a attirance ou que l'on se sente bien tout simplement, on appelle cela l'amitié, le feeling.

Quand on rencontre quelqu'un et qu'il y a du rejet, les poils qui se dressent, les petits boutons, de la colère, de l'énervement, cela n'est pas normal.

Cela nous montre que toute personne qui ne nous laisse pas indifférent en positif ou en négatif est décodée par notre inconscient. Il y voit obligatoirement un personnage familial qui nous a aimés mais avec du manque, ce qui nous met dans une quête de retrouver l'objet désiré ou dans la position d'avoir subi un personnage familial ou une forme de relation de maltraitance qui vient de l'héritage de nos parents.

Il y a certaines redondances dans les comportements des gens et des situations vécues, ce qui permet d'avoir plus facilement des pistes de compréhensions. Nous pouvons faire ainsi des hypothèses sur le pourquoi du mal-être et de la souffrance d'une personne.

L'approche systémique prend en compte l'individu dans son système et part du postulat que l'individu est le produit des interactions qu'il traverse dans sa vie d'enfant.

Il est important de savoir le vécu de chaque parent et de sa famille d'origine ainsi que les blessures et les ressources que cette famille a pu développer face à des événements douloureux.

Si nous regardons les différentes façons qu'a un enfant de venir au monde, il y a plusieurs scénarios possibles que je vais ici essayer de développer.

Avant l'avènement de cette venue, il faut considérer la rencontre de deux entités, un homme et une femme, qui présuppose un avant dans le parcours de l'enfant vers sa dimension adulte que nous verrons plus tard.

L'enfant qui arrive peut être conçu sur :

1. La rencontre d'un soir sans préméditation consciente des conséquences. (*La place de l'inconscient dans cette conséquence sera à développer)*

2. Le besoin de la femme qui fait un enfant toute seule. *(elle rentre dans un scénario de réparation de l'histoire familiale)*

3. Le besoin de la femme accepté par l'homme. *(elle trouve un homme qui accepte ce rôle de père)*

4. Le besoin de l'homme accepté par la femme. *(il trouve une femme qui accepte ce rôle de mère)*

5. Le besoin de l'homme et de la femme d'avoir un enfant. *(ils rentrent dans un scénario de réparation de leur histoire familiale et leurs missions se complètent)*

6. Le besoin, pulsion de l'homme subi par la femme. *(viol, l'enfant s'inscrit dans la souffrance et dans la honte)*

7. La pulsion de l'homme (père) subie par sa fille. *(viol, inceste, l'enfant s'inscrit dans la souffrance et dans la honte)*

8. Le désir de l'homme et de la femme d'avoir un enfant. *(Peut être l'obéissance consciente ou inconsciente du besoin des parents de l'un ou de l'autre du couple voire des deux)*

9. Le désir de l'homme et de la femme d'avoir un enfant. *(Ce désir devient un besoin planifié dans une tranche d'âge)*

10. Le désir de l'homme et de la femme d'avoir un enfant. *(Cet enfant va s'inscrire dans une rencontre de deux êtres qui s'aiment et sa venue se fera en son temps).*

La petite fille arrive au monde avec un utérus. Depuis la nuit des temps c'est ainsi : elle est programmée pour être une mère. Sa capacité à être fertile permet la continuité de l'espèce animale bipède que nous sommes et que nous appelons un être humain.

Le petit garçon lui, arrive au monde dans une autre programmation : il est conçu pour être un géniteur, pas un père.

C'est notre société qui a fait faire cette évolution au point qu'il y a des hommes qui mutent vers la fonction papa, voire papa poule, dans une inversion de fonction entre la mère et le père.

Je vais essayer de développer toutes les formes de rencontres qui amènent la construction de l'enfant « *pas toujours désiré* ». Ensuite le parcours dans l'enfance et l'adolescence amènera les variantes que nous rencontrons chez les adultes et sous-tendra la construction des futurs couples.

1. La <u>rencontre</u> d'un soir sans préméditation consciente des conséquences. (*La place de l'inconscient dans cette conséquence sera à développer)*

Elle est mue par la pulsion hormonale conduite par le côté animal, qui lui est basé sur le besoin de pérenniser la race en se reproduisant. Le cycle hormonal de la femme déclenche alors en elle, le besoin de tomber enceinte.

(Son inconscient, lui, sait ce qui est en jeu. Parfois le conscient en a la prémonition qu'il repousse bien vite, car il y a un besoin familial de procréer).

On sait que chez l'animal, le mâle sent la femelle en chaleur, donc entrain de produire des ovules et prête à accepter l'accouplement. Ils rentrent tous les deux dans une parade amoureuse pour favoriser dans ce rituel l'avènement de la vie.

« Le **cycle menstruel** est l'ensemble des phénomènes physiologiques de la femme préparant l'organisme à une éventuelle fécondation et survenant le plus souvent de façon périodique.

La manifestation la plus visible de ces modifications est la menstruation. Le cycle menstruel commence à la puberté et se termine à la ménopause par épuisement des follicules ovariens et par augmentation de leur résistance à l'action des gonadotrophines.

La période d'ovulation : La fécondation ne peut se faire que pendant la période d'ovulation. L'ovulation survient entre le 11e et le 16e jour avant la date des prochaines règles : la femme qui a des cycles réguliers de 28 jours d'un mois sur l'autre peut donc repérer sa période d'ovulation. L'ovule une fois libérée ne vit qu'entre douze et vingt-quatre heures.

En conséquence, la meilleure période pour avoir des rapports sexuels fécondants se situe dans les deux à trois jours précédant l'ovulation (le pouvoir fécondant du spermatozoïde dure soixante-douze heures, il y a une reconnaissance spécifique entre le spermatozoïde et l'ovocyte qui se reconnaissent comme compatibles, de la même espèce) ».

Ce qui motive la femme dans cette quête inconsciente d'une grossesse, il faut aller le rechercher dans l'historique familial où les redondances de ce genre de situation sont parfois très clairement identifiables.

Imaginons une famille comme j'ai pu en rencontrer dans l'exercice de mon métier.

(Un enfant décédé et sur plusieurs générations, une fille fait un enfant toute seule pour le remplacer)

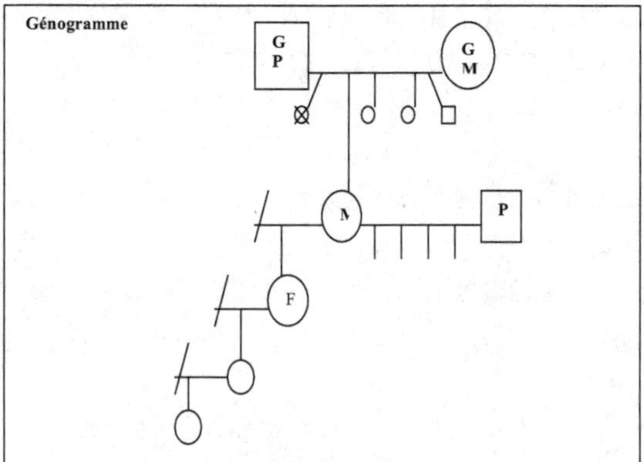

Le cercle symbole féminin - le carré symbole masculin

Le trait horizontal, lien qui relie deux adultes, le trait vertical, lien qui relie le parent à l'enfant

On peut voir dans cet exemple familial après le décès d'un enfant, la mise en route d'une tentative de réparation et de loyauté à la souffrance. L'enfant qui suit l'enfant décédé peut se sentir zappé ou surinvesti comme réparateur.

Cet enfant, une fille, peut faire un enfant sans père pour le donner à sa mère et essayer d'endiguer sa souffrance et ainsi récupérer une mère disponible. L'enfant porte ainsi le patronyme familial et parfois il est élevé directement par la grand-mère.

L'enfant qui est issu de cette relation peut porter une double blessure : continuer la mission que sa mère a initiée en voulant réparer la blessure de la perte de l'enfant et prendre la souffrance de sa mère d'avoir été zappée et d'avoir servi d'enfant de remplacement, en plus de la honte et de la culpabilité d'être une enfant d'une mère dite « fille mère » avec tout le côté jugement que la société bien pensante propose.

Cette blessure peut amener cet enfant à devenir elle-même une « fille mère », à rester seule ou trouver un homme qui viendra lui aussi prendre cette femme et l'enfant pour aider sa propre famille.

Il y a plusieurs formes d'évolution face à cette souffrance. Elle peut s'inscrire dans de la continuité au point de voir sur cinq générations, (*il est parfois difficile d'aller plus loin dans l'histoire de la famille)* cette reproduction que la première fille issue d'une mère célibataire se retrouve à perpétuer : cette blessure devient comme un bien précieux qu'il ne faut pas oublier.

2. Le <u>besoin</u> de la femme qui fait un enfant toute seule. *(Elle rentre dans un scénario de réparation de l'histoire familiale)*

Ce scénario s'inscrit dans la même perspective que la première situation, mais là, elle se met dans une dynamique consciente, plus ou moins volontaire, de vraiment le faire toute seule. Sans avoir tous les paramètres du pourquoi elle en veut un à tout prix, elle se trouve alors de bonnes raisons.

Elle peut trouver dans une rencontre sur un temps plus ou moins long, un partenaire qui l'aide sans le savoir dans cette démarche mais qui va partir dès que l'enfant est là.

Elle peut se mettre en quête d'avoir un enfant avec un partenaire connu, un ami ou ex-petit ami qui consciemment va devenir un géniteur qui restera plus ou moins anonyme et surtout ne reconnaîtra pas l'enfant.

Elle peut aussi se mettre en quête d'avoir un enfant par insémination artificielle, ce qui se passe soit en Belgique ou en Espagne. Ces deux pays autorisent cette pratique qui n'est ni possible ni tolérée en France pour une femme qui n'est pas dans un couple légitime.

La fécondation in vitro

« La rencontre entre un spermatozoïde et l'ovocyte qui permet la fécondation, la fusion des gamètes, avait lieu dans le corps de la femme. En 1978, naît le premier bébé obtenu par fécondation in vitro, donc par une fécondation hors du corps de la femme.

Un prélèvement de sperme de l'homme et un ovocyte de la femme sont mis en contact dans une éprouvette, et un œuf se forme. L'embryon obtenu est alors transféré dans l'utérus de la femme. »

3. Le <u>besoin</u> de la femme accepté par l'homme. *(Elle trouve un homme qui accepte ce rôle de <u>père</u>)*

Toujours dans la continuité d'une réparation du système familial, elle peut trouver un homme qui va accepter le rôle de père de famille et reconnaître l'enfant. Il sera dans une posture plus ou moins castrée en étant un père absent, absorbé par des activités diverses. Il va aider ainsi cette femme à devenir mère, ce qui fait pour chacun du sens vis-à-vis de leur famille d'origine.

Il y a en fonction des blessures familiales plusieurs scénarios :

Rôle de mère :

Plus que dans la fonction avec une difficulté à exprimer les démonstrations affectives, elle est dans le faire, pas dans l'Être. Elle est dans le besoin de produire de l'action et de rechercher la perfection dans le résultat avec l'espoir d'être reconnue, donc aimée. Elle reproduit ce qu'elle a vécu ou elle est dans une tentative de faire mieux que sa propre mère.

Rôle de maman poule :

Le besoin pour cette maman, c'est de se rassurer. On pourrait dire que son fond de commerce, c'est l'angoisse. Elle va la faire porter, voire la faire subir à l'enfant. Il devient alors un objet, pas un sujet, au service de l'angoisse, il subit l'insécurité et l'abandon tout en étant étouffé.

Rôle de mauvaise mère :

Dans un héritage et modèle familial, elle fait tout pour montrer qu'elle n'est pas à la hauteur, elle se met en situation de se faire juger par sa famille, voire de ses enfants et bien sûr par la société en se faisant retirer l'enfant ce qui vient valider sa mission : être une mauvaise mère.

Rôle de mère abandonnique :

Cette mère est dans l'obéissance de son schéma familial où il y a eu des abandons. Plusieurs formes sont possibles avec un non-investissement affectif. Elle peut donner très souvent son enfant à sa mère ou belle-mère, à la grand-mère, à une nounou, voire l'abandonner, ce qui rejoint le scénario de la mauvaise mère qui se fait retirer volontairement son enfant ou le confie à un foyer.

Rôle d'enfant parentifié qui joue à être une mère :

Cette mère est dans un rôle de petite fille qui a eu des responsabilités trop tôt, d'aide à sa mère ou de pallier son absence, et qui devient dans cette fonction, très autoritaire. Nous retrouvons plusieurs traits de comportements des situations précédentes : rigide, méchante, trop gentille sans limites, abandonnique, telle une petite fille elle pense avoir fait ce qu'il faut sur un plan fonctionnel. Elle fait comme un enfant qui a fait sa corvée et qui retourne dans son monde d'enfant très tourné vers lui « *égocentrique* » : il s'amuse.

4. Le <u>besoin</u> de l'homme accepté par la femme. *(il trouve une femme qui accepte ce rôle de <u>mère</u>)*

L'homme, on pourrait dire le petit garçon, obéit à cette souffrance familiale de faire un enfant pour réparer son parent. Par ce fait, il va espérer être vu et donc aimé pour ce qu'il fait et peut-être pour ce qu'il est.

Il a besoin pour cette mission d'avoir une femme qui va s'effacer en tant que mère, voire s'invalider et cela de plusieurs façons : dans l'extrême, en se rendant malade, incompétente, abandonnique, voire restant dans l'image de la femme, comme un rejet ou une négation de son rôle de mère et de n'avoir été qu'une mère porteuse. Cela légitime cet homme à prendre une place de père, de papa poule ou d'enfant obéissant qui va donner à sa mère cet enfant comme un cadeau, un bien précieux.

5. Le <u>besoin</u> de l'homme et de la femme d'avoir un enfant. *(ils rentrent dans un scénario de réparation de leur histoire familiale et leurs missions se complètent)*

Le besoin de ce couple, c'est de réparer la souffrance d'avoir eu des parents absents ; leur mission, c'est de faire mieux, ils trouvent respectivement un écho dans la mission de l'autre. Cela devient comme un contrat qui les unit pour élever un ou des enfants jusqu'à leur majorité.

Parfois ils ne peuvent dépasser cette limite, le couple ne peut rebondir dans un autre contrat de vie à deux car leur rencontre était basée sur la mission d'être parents, le couple homme et femme n'avait pas de place.

6. Le besoin, <u>pulsion</u> de l'homme subi par la femme. *(<u>viol</u>, l'enfant s'inscrit dans la souffrance et dans la honte)*

L'homme a un pouvoir machiste, il est le chef et il tient à le faire savoir. Il fait subir sa loi et sa sexualité ; ce pouvoir ne peut exister que par cette relation bourreau victime, où la femme est dans une image d'elle invalidée « *elle subit dans une posture de résignation ou de plainte sans être prise en compte* » et dans ce genre de relation l'enfant peut être conçu.

Il va venir au monde avec le poids d'être l'enfant qui concrétise le pouvoir de l'homme égocentrique sur la femme soumise et victime de ce qui est reconnu depuis peu comme un viol dans le couple, à savoir cette sexualité imposée.

Il va porter en fonction de son sexe un poids différent :

S'il est un garçon, il est dans une dualité. Le système peut lui voir prendre le rôle comme son père de prédateur sexuel sur la femme, qu'il verra comme une personne à son service, inférieure.

Il peut aussi devenir un garçon castré pour ne pas devenir comme son père et protéger ainsi sa mère. Il peut dans une variante, prendre le rôle de héros et partir en guerre contre les injustices vécues par sa mère et plus tard par les femmes. Ceci peut lui donner une certaine image sociale mais au prix de sa propre vie d'homme, affective voire sexuelle.

S'il est une fille, elle aura aussi cette dualité et elle pourra devenir soumise au pouvoir de l'homme afin d'être une femme comme sa mère.

Elle peut aussi devenir une fille qui va se castrer, en ne mettant pas en valeur sa féminité « *peau d'âne* ». Elle peut devenir rebelle, en partant en guerre contre le père et plus tard contre les hommes. Elle devient comme un garçon dans une fonction de héros ce qui peut lui donner une certaine image sociale, mais toujours au prix de sa propre identité féminine, voire sexuelle.

Garçon ou fille, il se retrouve prisonnier dans le fait d'être la conséquence d'une relation imposée, avec de la honte et de la culpabilité et le sentiment d'être pris en otage voire rejeté par la mère ou par le père.

Le garçon et la fille vont garder l'un comme l'autre, l'image de la relation homme/femme et de la relation dominant/dominé comme une norme qu'ils pourront reproduire ou faire dans l'inverse.

7. La pulsion de l'homme (père) subie par sa fille. *(viol, inceste, l'enfant s'inscrit dans la souffrance et dans la honte)*

L'homme peut imposer en tant que père sa sexualité à ses enfants (*on appelle cela l'inceste*), à sa fille devenue physiologiquement femme à l'arrivée de ses règles, il peut donc lui faire un enfant.

(Certains pères peuvent, à l'apparition des règles chez leurs filles, arrêter de faire subir leur besoin sexuel)

L'enfant se retrouvera alors dans une posture particulière.

Il pourra porter inconsciemment ce secret familial.
(Son inconscient sachant ce qui a été vécu, il va avoir une personnalité qui sera marquée par ces événements.
Il peut prendre une posture de repli, de secret, devenir suspicieux, parano, se sentir persécuté, faire des mystères, affabuler, voire attirer à l'inverse les regards sur lui).

Il pourra porter consciemment ce secret.
(Il sera dans la soumission, avec la peur, la terreur de dévoiler ce crime, que tout le monde puisse lire sur son front ce qui a été vécu et qu'il réactive ainsi la souffrance de sa mère.
Il portera le poids de la honte avec la possibilité de s'invalider, comme une tentative de prendre sur lui toute la souffrance et la responsabilité et d'être ainsi comme le héros.
Il peut se nier, se vivre comme un bâtard, pour l'avoir entendu dire ou en être accusé. Il pourra bien sûr avoir aussi les comportements de la posture précédente avec encore plus d'intensité).

Il sera dans l'ambiguïté relationnelle avec son géniteur-père – grand-père.

(le rapport, à ce père – grand-père, sera marqué par la posture de ce personnage qui pourra le rejeter en tant que preuve vivante de son dysfonctionnement ou en faire l'héritier de son trône afin d'asseoir encore plus son pouvoir sur lui et sur toute la famille. Il se posera comme un roi qui impose ses délires, qui montre qu'il ne craint pas les lois et peut mieux tout contrôler).

Il sera dans l'ambiguïté relationnelle avec sa grand-mère.

(Tout dépendra du comportement de cette grand-mère, mais il restera l'enfant stigmatisé. On pourra voir toute une palette de comportement allant de la prise en charge au rejet.)

Il sera dans l'ambiguïté avec sa mère.

(Là aussi le système va générer des interactions avec des scénarios qui peuvent être multiples : on peut voir la mère se raccrocher à cet enfant ou le rejeter, le laisser à la grand-mère voire l'abandonner).

Il sera dans l'ambiguïté avec les autres enfants de sa mère plus tard.

(Sa mère devenue adulte ou en âge de se mettre en couple « si le père lui permet » il se retrouvera là aussi, stigmatisé vis-à-vis de son beau-père et de la fratrie qui peut naître de ce couple. Il aura beaucoup de risques de se retrouver mis à l'écart).

Il sera dans l'ambiguïté avec les autres enfants frères et sœurs de sa mère.

(Il se retrouve dans un paradoxe, d'être le demi-frère ou sœur et en même temps neveu ou nièce, avec parfois peu de différence d'âge avec les plus jeunes.)

Il sera différent et aura de la difficulté à trouver une place sans se sentir coupable. On retrouvera des paramètres communs avec l'enfant issu d'un couple, bourreau victime, avec en plus fort l'empreinte du pouvoir de l'homme sur l'enfant fille.

(Si cette jeune fille est très jeune, la mère ou une sœur plus âgée peut endosser la maternité pour cacher la réalité des faits ; c'est la loi du silence et tous les membres de la famille vont devenir complices pour obéir à ce pouvoir absolu, ce régime de terreur que le seigneur et maître fait régner. Cette terreur annihile toutes possibilités de réagir, voire de désobéir ce qui pourrait amener le père se sentant acculé à poser un acte d'agression allant jusqu'au meurtre de l'enfant voire d'autres personnes ou de lui-même).

Quand la société découvre les faits il y a là aussi une suite qui peut amplifier la souffrance de ces acteurs. Le père indigne va dans le meilleur des cas être jugé, parfois la loi du silence et de l'obéissance familiale font porter la responsabilité sur un tiers petit ami de la fille.

La grand-mère peut rester loyale dans sa dépendance à son mari, même si la loi condamne le père, elle gardera cette posture de soumission en lui rendant visite en prison, ce qui montre l'emprise que ce personnage avait et qu'il garde même à distance.

La fille peut se retrouver rejetée par la famille et c'est elle qui devient pour cette dernière celle par qui le scandale éclate, celle qui a détourné par sa provocation féminine le père du droit chemin.

La fille peut se retrouver dans une structure d'accueil. Elle va devoir apprendre à faire avec la souffrance de ce qu'elle a vécu, de se sentir coupable, d'être rejetée par les siens, d'être pointée du doigt par des gens bien pensant. Sous prétexte de rendre service, ils peuvent lui faire porter leur compassion qui n'est souvent qu'un moyen de prendre du pouvoir, « une autre forme de pouvoir », mais qui maintient cette enfant dans la même dépendance. Et ainsi, ils continuent d'appuyer sur sa blessure, en lui imposant des jugements sur sa famille. Ils ont un regard de pitié qui blesse profondément une personne qui aurait besoin d'être encore plus que la moyenne des gens, respectée et restaurée dans son intégrité et sa dimension d'individu, de son espace intime. Une jeune fille dans cette situation a besoin qu'on lui apprenne ce que veut dire le respect de soi et de l'autre, concept complètement inconnu dans ce genre de famille.

Elle a besoin de se faire respecter, qu'on lui apprenne les limites à avoir dans les relations de la vie de tous les jours entre le trop et le pas assez.

Elle doit aussi apprendre à entendre et à respecter son ressenti. Souvent l'enfant agressé se déconnecte de son registre émotionnel, pour ne pas souffrir, il s'anesthésie ou alors il devient épidermique, d'une sensibilité maladive.

L'enfant qui est né ou qui va naître, peut être abandonné par un accouchement sous x.

Cela montre le pouvoir du système familial que la mère continue de subir.

L'enfant peut être retiré et mis chez une nourrice ou dans une pouponnière du foyer de l'enfance, dans un processus de mise à distance de cette mère qui reste fondamentalement immature, encore trop jeune pour s'en occuper et encore dans un cursus scolaire.

Cette mère peut tout faire pour montrer qu'elle n'est pas une bonne mère en mettant son enfant dans un risque physique en étant maltraitante ou en manquant de soins ou en le négligeant. Souvent très ostentatoires ces comportements servent à ce qu'on lui retire son enfant.

C'est une façon inconsciente de le protéger d'un parent indélicat et aussi de rejoindre ce dont elle a pu dans son fort intérieur avoir envie pour elle.

8. Le <u>désir</u> conscient et le <u>besoin</u> inconscient de l'homme et de la femme d'avoir un enfant.

(L'obéissance consciente ou inconsciente du <u>besoin</u> des parents de l'un ou de l'autre du couple, voire des deux).

Le couple va produire un enfant pour venir combler un besoin, pourrait-on dire vital des grands-parents de se projeter dans leurs petits enfants.

Plusieurs possibilités : celle de remplacer un enfant décédé qui viendra concrètement chez ses grands-parents pour y être élevé et aussi celle de continuer un lien familial qui dure depuis, parfois plusieurs générations. Parfois les grands-parents ont été élevés eux-mêmes chez leurs propres grands-parents. Chaque génération se retrouve dans cet héritage et le parent doit s'y soumettre, soumission légère car invisible, tout cela sans y voir ni y vivre de l'anormalité.

L'héritage de ce processus devient la norme et les membres du groupe deviennent aveugles à toutes autres formes de relations.

9. Le <u>désir</u> de l'homme et de la femme d'avoir un enfant. *(ce désir devient un <u>besoin</u> planifié dans une tranche d'âge)*

Le couple se rencontre en étant dans une même démarche, ils se rencontrent pour continuer leur vie d'ados vieillissants qui profitent de leurs loisirs et recherchent par tous les moyens de vivre sans contrainte, le plaisir comme thème et comme but.

Dans une deuxième étape ils vont se donner comme but, leurs réussites sociales et professionnelles, chacun dans son domaine, voire dans un mode compétitif.

Prendre une place dans la société est un moyen pour se faire reconnaître, se faire envier, jalouser, craindre et prendre du pouvoir ce qui leur donne l'illusion de se faire aimer.

La famille et la société ont une propension à regarder l'individu pour ce qu'il fait et non pour ce qu'il est ; il est donc contraint de faire et d'être parmi les meilleurs pour espérer être validé.

Quand ils arrivent à un stade de réussite, ils se retrouvent sans autre but que se fixer un nouveau challenge. La perspective d'avoir un enfant devient ce but et le challenge, c'est qu'il soit dans la perfection.

Pour l'enfant, il n'y aura pas d'autre issue pour exister que réussir, être parmi les meilleurs ; sa récompense sera l'engouement des parents qui se verront validés par la réussite de leur enfant et pour lui rien ne sera assez beau. La course au toujours plus devient le thème de ce genre de famille.

10. Le désir de l'homme et de la femme d'avoir un enfant *(Cet enfant va s'inscrire dans une rencontre de deux êtres qui s'aiment et sa venue se fera en son temps)*

L'homme et la femme se rencontrent et ils voient dans l'autre, la personne attendue, dans une perspective de s'aimer, de faire un couple, de fonder une famille ce qui permettra à l'enfant qui viendra au monde de s'épanouir sans trop de problème.

Nous venons de voir comment l'enfant pouvait s'inscrire, par la rencontre de deux êtres, dans un processus de vie avec déjà un héritage plus ou moins lourd, ce qui va déterminer sa future personnalité.

Toutes ces hypothèses ne sont pas bien sûr exhaustives, mais une trame sur laquelle nous allons nous appuyer pour continuer de voir la construction des personnalités et les pistes de réflexions qui en découlent. Nous devons essayer de comprendre comment la rencontre entre les personnes peut se faire et quels seraient les moyens à mettre en œuvre pour faire évoluer des situations de mal-être.

Si nous continuons cette réflexion sur un plan général, l'enfant va passer par des stades d'évolutions, qui sont dans les meilleurs des cas, communs à un plus grand nombre.

Dans cette trame, des paramètres familiaux peuvent empêcher certaines acquisitions et vont mettre l'enfant dans une construction du monde et de lui-même non conforme pour son futur équilibre.

Malheureusement il n'y a pas que des parents aimants, nous retrouvons dans certaines histoires de personnes en souffrances, des comportements particuliers, voire déviants.

Dans la première année, toute la vie du futur être peut déjà se construire. Il est dans ce besoin fondamental, comme une pâte à modeler, inconscient de subir certains paramètres qui vont s'inscrire sur le disque dur. On appelle cela « *l'effet palimpseste* », terme employé par les paléontologues qui ont retrouvé des peaux de bêtes fossilisées sur lesquelles il y avait des traces d'une écriture restée gravée à tout jamais.

(*Comme une ardoise magique où ce qui a été écrit et effacé reste gravé dans le souvenir*).

L'enfant est toujours mis dans une difficulté à s'identifier à une image correcte de lui-même, d'où une déclinaison de conséquences plus ou moins traumatiques, mais qui toutes vont le mettre dans des postures particulières dont le point commun pourrait être :

1- D'avoir vécu une déviance des parents ou des adultes présents dans son environnement de vie dès la plus petite enfance.

* L'enfant est associé aux phantasmes et à la vie sexuelle de ces adultes. Il est pris comme un objet pas un sujet, comme un godemiché. L'enfant sert à un jeu pervers dans la relation entre adultes, jeu qui peut aller jusqu'au viol.

Toujours dans une forme de déviance, certaines mamans ou nounous peuvent stimuler le sexe de l'enfant pour le calmer.

La souffrance de ces adultes ne leur permet pas de voir les conséquences de leurs actes, trop tournés vers la tentative de répondre à leur propre mal-être.

* L'enfant peut subir l'investissement excessif d'un de ses parents (*ou assimilés*) pour pallier ses propres manques affectifs. L'enfant devient un objet pas un sujet, il devient l'objet transférentiel de son parent.

2- Moins traumatique que la première expérience surtout sur un plan moral, il est souvent vu dans la société, qu'un parent qui est dans ce comportement **(*de maman ou parfois de papa poule*),** est plutôt considéré comme un bon parent, projection du spectateur à travers le prisme de sa propre souffrance, donc de son manque.

Si nous nous référons à ce terme de maman poule *(Une poule est la représentante adulte femelle de plusieurs espèces de Galliformes*), elle est programmée depuis la nuit des temps pour protéger ses *(petits)* poussins de tous les prédateurs rampants et volants.

Reporté à l'espèce humaine, nous pouvons voir ce qui est sous-entendu dans cet investissement du parent : une angoisse projective qui ne s'appuie pas sur du concret, mais sur un vécu personnel ou l'héritage familial de ce parent.

Son propre manque affectif le positionne dans le rôle d'enfant parentifié, ce qui lui donne la responsabilité du bien-être de son parent *(nous pouvons voir des enfants dit « très gentils »)* : il est chosifié. Il pourra devenir responsable très tôt, sera admiré par certains adultes et mis dans la place de responsabilité au détriment de son besoin d'enfant ; les parents peuvent en tirer une certaine fierté.

L'enfant est prisonnier d'un paradoxe : son parent lui envoie le message qu'il a besoin de lui, ce qui le projette dans un rôle de héros et en même temps il reçoit le message qu'il doit rester soumis. L'enfant dans cette dualité devra faire de sa vie une forme de sacerdoce, en devenant le héros, mais aussi se nier dans sa vie privée, s'invalider pour redonner le pouvoir au parent.

De sa propre peur face à un danger, vécu ou d'héritage (*genre inceste*), s'il y a eu dans le système un prédateur, la mère (*moins souvent le père*) va induire un contexte anxiogène. L'enfant fille peut, face à ce message, avoir deux possibles : obéir en s'invalidant, en devenant « peau d'âne » (elle s'empêchera de devenir une femme par des comportements anorexiques - *l'anorexie est souvent liée à une difficulté à vivre son image de femme)* ou aller vérifier que la mère avait raison en devenant une victime.

<u>L'enfant se construit par des stades qui sont répertoriés.</u>

<u>Freud a mis en forme cinq stades dans le développement de l'enfant</u>

Le Stade Oral (*de la naissance au sevrage, vers l'âge de un an)*

Ce Stade Oral est principalement axé sur la zone de la bouche par la pulsion de vivre, grâce à la succion et au plaisir assouvi ou pas qui en découle « *la satisfaction corporelle* ».

Par extension, toutes les zones concernées seront :

Le système digestif : avec les sensations corporelles depuis la succion par la tétée, l'ingestion et la satisfaction au niveau de l'estomac, la stimulation à l'expulsion des matières fécales.

(Le tube digestif, depuis la bouche jusqu'à l'anus, restera pour toute la vie de l'individu, un axe important, autour duquel viendront se fixer les décharges émotionnelles, donc les somatisations, conséquence de l'empreinte laissée par le vécu de l'enfant.)

Le système respiratoire : très stimulé pendant la tétée et associé aux besoins vitaux et à la satisfaction qui en résulte.

(rythme respiratoire qui évolue au prorata du registre émotionnel, plaisir ou déplaisir)

Le système respiratoire est complété par l'odorat *(olfaction*) par l'ouï *(la voix de la mère et du père)* par la vision *(qui arrive avec plus de netteté vers 6 à 8 semaines)*

Toute la zone du visage est concernée, stimulée par le contact avec la peau de la mère et le sein en particulier.

(Les voies respiratoires resteront-elles aussi, un axe important pour mettre en évidence les réactions émotionnelles, donc les somatisations qui sont des remontés du mal vécu de l'enfance.)

La mère par les contacts nécessaires à l'entretien du bien-être de son enfant, (nourriture et soins mais aussi sur un plan plus ludique) va faire vivre à son enfant toute une palette de stimulations qui sont associées à de la satisfaction et du plaisir. Plus tard elles seront autant de supports à son bien-être, physique et psychique, et à sa future sexualité.

(*Ce qu'une mère aimante et généreuse dispense à l'occasion et en dehors des toilettes)*

La relation avec la Mère va structurer l'enfant dans une dépendance ou fusion avec un médiateur, la nourriture, cette fonction nourriture qui restera attaché, peu ou prou au plaisir, ou au déplaisir.

Le sevrage

La perte de ce lien de dépendance, sécurisant, peut amener l'enfant dans une blessure consécutive à la frustration qui en découle et le sentiment qui peut subvenir d'être puni, rejeté. Donc une frustration.

Le stade Anal 2e et 3e années, les facultés de marcher, parler, penser, contrôler ses sphincters…

Le développement Psycho-Sexuel :

Le plaisir anal existe lorsque s'installe le contrôle sphinctérien, lorsque l'acte de défécation devient un moyen de communiquer *(surtout si le parent fait de cet acte un fait important)*

L'objet mère, qui reste l'objet privilégié des pulsions de l'enfant, est devenu une personne entière, mais aussi un objet fonctionnel, partiel, que l'enfant essayera de contrôler comme il contrôle ses matières fécales (*la névrose obsessionnelle)*

Entre manger et déféquer, se remplir ou se vider, deux thèmes qui peuvent amener une angoisse typique, consécutive de cette période.

Le boudin fécal représente une monnaie d'échange entre lui et les adultes *(faire ou ne pas faire)*

La phase dite expulsive et la phase dite rétentrice, deux phases qui vont, elles aussi construire peu ou prou, par stimulation de la muqueuse ano-rectale la future sexualité de l'adulte.

Le stade phallique *(au-delà de la 3e année)*

– La découverte du plaisir à uriner, le plaisir de rétention existe également, ce qui donne l'érotisme urétral.
– L'excitation naturelle de la miction, la discipline du sphincter vésical et la découverte de la masturbation infantile.
– Curiosité sexuelle infantile. La découverte de la différence anatomique est ambiguë pour l'enfant, il n'y a pas que ce qui se voit *(le pénis)*

L'aspect narcissique et prégénital du stade phallique

Le pénis n'est pas encore perçu comme un organe génital mais de puissance, un phallus.

1. **Le complexe d'œdipe**

Le conflit qui en découle *(apparaît entre 3 & 5 ans), c'*est un conflit désormais sexuellement spécifié, inscrit dans une problématique à trois : enfant, père et mère, départ de la véritable construction de la libido.

Forme dite positive : l'amour de la mère.

Aspect négatif ou agressif : la haine du père.

Forme négative ou inversée : l'attitude féminine tendre du garçon à l'égard du père.

Aspect négatif ou agressif sera l'hostilité à l'égard de la mère.

Les deux formes peuvent jouer en même temps, ambivalence à l'égard de chacun des deux parents, les composantes hétéro et homosexuelles sont en jeu. Appelé le complexe d'Œdipe.

L'Œdipe représente le nœud originel de toutes les relations humaines et son rôle dans la personnalité et dans l'orientation du désir humain.

Surmonter les tendances œdipiennes est une condition préliminaire pour l'accès à la sexualité adulte normale.

Le complexe d'œdipe chez le garçon.

– Menace fantasmatique de castration par le père et angoisse de castration surmontée à la fois par l'identification au père (agresseur)

L'Œdipe de la fille.

– plus compliqué, il faut que la fille accomplisse le transfert de la mère au père.

L'Œdipe est aussi le moment fondateur de la vie psychique.

Le stade de latence *(entre 6 et 11 ans)*

L'enfant rentre dans une phase de pause, son énergie et tournée vers sa construction intellectuelle.

À la **puberté** existe une deuxième possibilité avec une dernière chance de résoudre l'œdipe spontanément.

La puberté

Le passage de l'état d'enfant à celui d'adulte se caractérise par une série de transformations d'ordre physique, sexuel et psycho-affectif.

La puberté correspond à la maturation des organes génitaux (caractères sexuels primaires) et l'apparition de particularités spécifiques au sexe (caractères sexuels secondaires).

Ces transformations mettent plusieurs années à s'accomplir. L'âge du début des modifications morphologiques et la vitesse de passage d'un stade de développement au suivant, varient beaucoup d'un enfant à l'autre.

Cependant, une fois initiés ces changements pubertaires (développement des organes génitaux externes et des caractères sexuels secondaires) se réalisent selon une séquence chronologique bien établie.

Pour résumer le déroulement succinct des phases de constructions de ce futur enfant :

0-2 ans Premières années de vie, le bébé est plus sensibilisé à l'apport de nourriture, mais aussi de caresses et de baisers.

2 ans, Il joue en parallèle, « chacun pour soi », il peut être jaloux, et a besoin de biens personnels pour s'affirmer.

3 ans première maturité**,** construction du monde extérieur, il peut-être angoissé par l'impermanence des choses, il apprend à se projeter, il est dans le questionnement.

3-6 ans apprentissage du geste, curiosité, expérience, perception des autres, perception de soi-même.

Vers 6 ans l'enfant devient impulsif, excitable, crise profonde de la personnalité.

6-11 ans Période de latence**.**

11-16 ans la puberté, la dernière phase la plus importante du développement psychophysiologique sexuel.

Nous pouvons voir les conséquences de l'héritage de ce qui a été vécu, dans les générations antérieures sur ce tout petit qui cherche à se construire dans des schémas archaïques, inscrits depuis que la vie s'est manifestée sur terre, pour l'être humain. Il y a cet inné qui fait partie de notre cursus, passage obligé, mais aussi l'acquis des anciens de notre clan qui va devenir pour nous un inné.

Il fera partie intégrante de notre structure profonde, de notre base de données et bien sûr du personnage qu'il deviendra, construit par l'impact que peut avoir le dysfonctionnement des adultes signifiants, « *les parents ou ceux qui ont la charge d'élever cet enfant* », qui cux sont dans un comportement qui est déjà la conséquence de leur héritage du clan familial, continuité comme dans une course en relais.

« *Les comportements qui risquent de découler de ce genre d'héritage, vont se porter :*

Sur l'oralité, comme zone érogène avec des besoins exacerbés, vers la nourriture, le contact à la peau, à la bouche, à la respiration dans des extrêmes hypo ou hyper.

Sur la relation à lui-même, avec mésestime ou surestime du moi et toutes les déclinaisons qui en découlent. Avec des symptômes dépressifs, des pensées suicidaires ou tentatives de suicide ou dans la violence sur les autres.

Sur la relation à l'autre avec les deux extrêmes, hypo = être manipulable et soumis, hyper = manipuler, voire pervers.

Sur la sexualité qui va mettre en exergue tous ces comportements, jusqu'aux extrêmes, ce qui peut amener une sexualité hors norme, genre sado-masochisme, pédophilie, viol et tout comportement qui rend la personne dépendante de ses pulsions sans avoir un regard critique de ce qu'il fait, si ce regard existe, il ne peut s'y déroger ».

Un conte montre que l'héritage de nos ancêtres met en évidence l'impact de la transmission du pouvoir sur l'individu et sur son devenir.

Nous pouvons voir comment la sagesse populaire (*certaines personnes ayant la connaissance*) avait déjà intégré cette notion d'héritage des souffrances du passé familial et l'obligation de faire passer cette connaissance par le biais d'un conte. Elle voulait toucher l'inconscient du peuple et lui laisser la croyance de son libre arbitre, ce qu'il n'avait pas dans la société de l'époque, et ce qui n'est plus tout à fait vrai actuellement.

La compréhension que nous pouvons avoir de l'analyse de ce conte, peut démontrer que le manque de connaissance et d'humilité de l'être humain qui ne peut accepter d'être manipulé comme une marionnette, subit le poids du passé, le rend dans l'inverse encore plus dépendant.

(<u>la belle au bois dormant,</u> *conte très ancien qui fut mis dans une forme, qui est la plus connue, par Charles Perrault)*

Je vais essayer d'en faire une analyse systémique très succincte.

Il était une fois un Roi et une Reine dans un pays imaginaire, la reine attendait un enfant, la naissance de cet enfant « une petite fille » amena la joie dans le palais, le peuple fut invité à partager ce moment de liesse.

Dans le défilé de ces invités, il y eut aussi les fées qui arrivèrent pour donner : la beauté, l'intelligence, la sensibilité, la finesse, dans ce défilé arriva une sorcière qui n'avait pas été invitée et qui vint dispenser sa méchanceté en disant : « à 20 ans elle se piquera à un rouet et elle en mourra »

Ce fut la consternation. Arriva une fée qui n'était pas encore passée et qui dit qu'elle se piquera bien à un rouet, mais au lieu d'en mourir, elle s'endormira pendant un siècle. Un prince qui viendra visiter cette curiosité de ce pays verra cette princesse endormie, il sera touché par la beauté, l'intelligence, la sensibilité, la finesse, qui s'en dégageront, il lui donnera un baiser, ce qui la ramènera à la vie.

Le message qui est sous-tendu dans ce conte, c'est une parabole, métaphore de ce qui peut se passer dans une famille.

L'arrivée d'un enfant ramène la joie et c'est la fête dans ce couple et dans la famille élargie des deux parents.

L'enfant va hériter du positif des familles de ses deux parents (*les fées)*

Mais aussi des blessures et des souffrances qui ont été vécues (*la sorcière)*

L'enfant peut mourir avant sa majorité. (*à 20 ans qu'elle se piquerait à un rouet et qu'elle en mourait)*

L'enfant peut toute sa vie, porter le poids d'un mort, être un gisant (*elle s'endormira pendant un siècle)*

Si la famille accepte d'aimer ses morts, fait son deuil, la vie reprend *(il lui donnera un baiser, ce qui la ramènera à la vie)*

<u>Ce schéma vient de l'analyse transactionnelle</u>

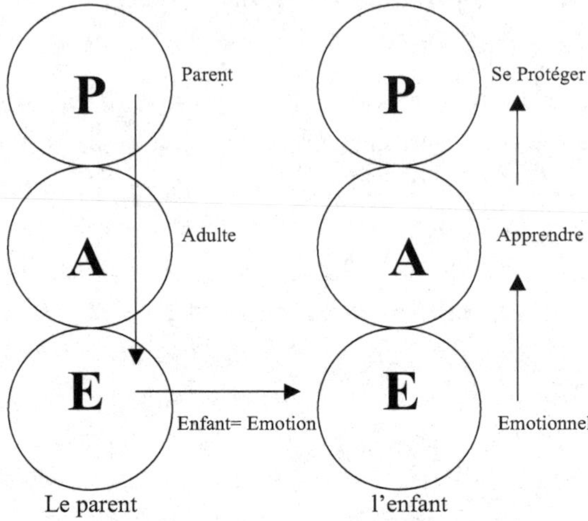

L'enfant vient au monde avec une perception uniquement émotionnelle.

Le **E,** de l'**E**nfant, c'est aussi le **E,** de l'**É**motion.

Le parent qui est en théorie dans une posture d'adulte, va rentrer en relation avec son enfant par la porte d'entrée de l'**É**motionnelle (*sensibilité de la mère vis-à-vis de l'enfant*)

Il va aider son enfant à poser des **A**ctes, des **A**ctions, faire des **A**pprentissages pour l'amener vers l'**A**utonomie et plus tard devenir un **A**dulte.

Toujours par la porte d'entrée de l'**É**motionnelle, il va aider son enfant à poser des **A**ctions pour se **P**rotéger, pour **P**révoir, et en çà, il va devenir un **P**arent pour lui et pour de futurs enfants.

Ceci bien sûr dans le meilleur des cas, ce qui n'est pas toujours ce qui se passe dans un certain nombre de familles où l'enfant par la force des choses, va faire des apprentissages qui ne seront pas porteur de sens pour sa future vision du monde et de lui-même.

Avant d'aborder des scénarios autres que la perfection dans l'éducation des enfants, nous allons nous pencher sur une vision très répandue dans notre société, c'est la croyance que la souffrance est une réalité.

Nous allons explorer l'hypothèse d'un enfant qui tombe et qui pleure, ce qui est une réponse normale à la déstabilisation qu'il est en train de vivre, sauf bien sûr, cas particulier : il n'est pas en danger et même s'il a le genou qui saigne, il ne souffre pas, il est déstabilisé.

(*Nous pouvons voir que l'enfant qui a été pris en compte par sa maman, repart s'amuser même si son genou est écorché*)

La réponse la plus adaptée à ce moment-là, c'est d'ouvrir les bras et d'accueillir sa déstabilisation et de lui dire, je suis là, tu as un gros chagrin ! De lui donner un mot d'amour, genre mon (ma) chéri(e) maman est là.

D'attendre que l'enfant se calme et seulement après, lui permettre de dire avec ses mots ce qu'il vient de vivre sans l'interrompre, ni lui imposer la vision de l'adulte ou une norme. Il est dans son monde et il faut le rejoindre et l'entendre pour en faire un fait qu'il oubliera très vite, car maman l'aura pris en compte. Ce fait n'aura pas le temps de se sédimenter pour en faire un souvenir traumatique, ce qui aurait été le cas bien sûr, s'il avait été rejeté ou pas entendu, dans un moment où il aurait été perturbé, en détresse avec le sentiment d'être abandonné.

La réponse la plus commune de bonne maman « comme un cliché », c'est de se précipiter vers l'enfant et de dramatiser, de projeter son angoisse en étant dans un survoltage, très speed par des réponses comme :

Qu'est-ce que tu as ?

Le monde marche sur la tête (*excusez-moi, je me lâche*) ce qui est anachronique, c'est d'entendre le parent demander à son enfant, d'un an ou deux, voire plus vieux, de le rassurer (*le monde à l'envers*).

C'est le côté anxieux et angoissé du parent qui s'exprime, nous pouvons faire l'hypothèse que ce parent est dans une démarche de réparation de son histoire en devenant une maman parfaite « *maman poule* », mais qui se retrouve projetée dans le comportement inverse qui renvoie une vision du monde qui n'est pas adaptée et qui donnera à l'enfant des bases de construction qui deviendront son handicap, sa prison.

Une base de données qui ne sera pas compatible avec la notion de vie telle que l'on peut l'attendre.

Cette maman dans son angoisse, va être dans une protection extrême vis-à-vis de son enfant en projetant des dangers dans une forme paradoxale.

Ne monte pas là, tu vas tomber !
Ne cours pas, tu vas tomber !
Ne fait pas çà tu vas te faire mal !

Ce qui pousse l'enfant dans deux directions, soit de s'inhiber et de ne plus bouger ou de faire tout pour légitimer sa mère dans ses croyances en se mettant en danger.

L'enfant va vérifier que maman avait raison en bravant l'interdit, ce qui peut mettre la mère dans une colère de bon aloi, toute légitime, car son enfant vient de désobéir.

Elle peut dire, après l'avoir giflé ou l'avoir secoué comme un prunier : « Je te l'avais bien dit ! Si tu m'obéissais, ça ne serait pas arrivé. »

Je n'ai pas le temps !

Là, c'est le rejet, la non prise en compte de ce que l'enfant vit, la mère est dans son monde, préoccupée, son action prime sur l'environnement, même sur ses enfants.

Là aussi, nous pouvons faire l'hypothèse que cette maman a besoin d'être validée par son action, besoin de faire pour espérer être reconnue, car elle n'a pas été suffisamment investie pour ce qu'elle était dans son identité d'ÊTRE.

Je suis occupée !

J'ai les mains sales !

Là, la mère essaye de se justifier, comme si l'enfant devait comprendre son parent et l'importance de ce qu'il vit, devenir plus mature. À nouveau la relation est inversée et lui doit se mettre en retrait, nier son besoin, son mal-être, apprendre à s'effacer, l'autre deviendra plus important que lui.

L'action et le savoir-faire seront les modes relationnels privilégiés

Laisse-moi tranquille ! Et puis ce n'est pas grave !

Là, une variante, la mère se justifie, elle rejette et en plus pour se déculpabiliser, banalise et invalide ce que l'enfant est entrain de vivre.

Tu n'y penseras plus quand tu seras devenu adulte !

Là, toujours dans la continuité du rejet et de la banalisation, l'adulte lui fait passer le message que les émotions n'ont pas le droit d'être exprimées et bien sûr de renvoyer l'enfant dans l'obligation de nier son ressenti et son vécu.

C'est la vie de l'adulte qui est la plus importante, l'enfant doit s'effacer, attendre.

Nous pouvons voir comment l'adulte parent, peut soit, dramatiser, banaliser, rejeter ou nier, tout cela dans la continuité de son vécu d'enfant comme un modèle ou un contre modèle, voire l'héritage du clan, une survivance des comportements de ces ancêtres comme seul lien d'appartenance.

Le comportement du père peut être identique à celui de la mère avec parfois un durcissement des émotions qui pourrait ramener l'image de la faiblesse. C'est l'héritage d'un passé où l'homme (le petit garçon) ne devait pas pleurer sous peine de s'invalider ou de se faire accuser de fillette.

L'émotion que l'homme avait le droit d'exprimer, était la colère, voire la violence.

Si nous revenons vers ce présupposé que la souffrance n'existe pas dans la vie de l'individu à l'état normal, mais qu'elle est « *la souffrance* » la conséquence d'une vie, qui de plus en plus assiste l'individu face aux événements de la vie, qu'il attend de l'extérieur une réponse à son besoin, à son bien-être, à sa sécurité, donc aussi à son mal-être. C'est comme s'il n'avait plus axé à son libre arbitre.

Nous pouvons nous demander quand ce glissement s'est effectué. Les pistes les plus visibles sont les années entre 1890-1914 qui ont précédé la première guerre mondiale, aujourd'hui connues comme « la Belle Époque ». Durant cette période, le plaisir et la joie de vivre régnaient. Un moment de répit entre deux guerres, une période de transition entre deux siècles, où les barrières sociales s'effacent, où le progrès industriel donne à tous, l'espoir de vivre mieux, dans un foisonnement culturel particulièrement riche.

La guerre de 1914-1918 ramène la tristesse, et son lot de souffrance causé par ces nombreux morts.

La vie reprend sa place avec une euphorie qui suit la paix retrouvée en 1918 après un conflit terrible au plan des pertes humaines.

La littérature connaît cette sorte de vacance euphorique au cours des années vingt, que l'on a nommé « *les Années Folles* ».

Les années vingt sont porteuses d'espoir et de changements massifs, de révolutions intellectuelles (*Freud et l'exploration de l'inconscient, Einstein et la découverte du relativisme*) ; les années trente représentent sous beaucoup d'aspects une quête de valeurs à opposer à la guerre entre les peuples.

À partir de 1929, qui marque le début d'une grave crise économique mondiale, le ton change, les nuages s'accumulent, la morosité et une forme de fatalisme reprennent de la place.

L'après-guerre, de 1939-1945 voit le rétablissement des règles républicaines qui redeviennent applicables avec toutefois une nouveauté : le droit des femmes de voter.

La venue des soldats américains qui proposent une vision d'un autre monde, d'un eldorado, donne un vent nouveau qui va souffler sur ce peuple libéré. Il va se transformer vers plus de recherches de liberté pour sortir du cadre qui était vécu comme enfermant et infantilisant. Les années 70 verront arriver la liberté sexuelle, la vie en communautés, l'effet hippie, baba cool, la sortie des conventions, la provocation, le tout dans la continuité de la révolution sociale de mai 68.

Notre société est dans l'héritage de ces changements relationnels, culturels et la continuité de cette recherche qui était de fuir à tout prix la souffrance et la réalité, rester dans de l'illusion, de ce nouveau paradigme qui fait miroiter l'avènement du temps libre comme finalité et but dans la vie.

La période de la Belle Époque était caractérisée par un penchant pour le plaisir, l'étourdissement. Pendant ces années-là beaucoup de nouveaux lieux de distractions et de moyens pour la poursuite du plaisir et du loisir apparaissaient surtout à Paris. La Belle Époque est en vérité un mythe qui retient son importance et renforce l'image des Français qui aiment vivre.

Le plaisir et le farniente comme perspective d'un futur qui étant non construit, propose le vide, donc l'angoisse, là où il y avait un trop plein qui était, la patrie, la famille et le travail.

L'équilibre entre ces deux paradigmes, n'est pas encore totalement trouvé.

Après ces digressions, **si nous revenions vers ce présupposé que la souffrance n'existe pas.**

Elle est le fruit d'une vision du monde qui présuppose que la réalité est ce que je pense, pas ce que je vois. Cette perception de la réalité est induite chez l'enfant par la vision que le parent lui a donnée à entendre et à voir, par son comportement et parce qu'il dit ou ne dit pas, mais surtout par son positionnement face aux événements de la vie.

C'est confondre **la carte** avec **le territoire** :

La carte, genre carte routière, je la lis, je n'en ai qu'une représentation intellectuelle, donc projective et subjective.

Le territoire, c'est la réalité, j'ai les deux pieds dessus, il y a du concret, donc objectif.

« Imaginons un enfant de deux ans qui rentre dans une pièce où il y a un mort. Quel va être son comportement ? Il va regarder, mais n'aura aucun positionnement émotionnel particulier, sauf peut-être de l'étonnement, d'où un questionnement, il va poser des questions aux adultes présents.

L'enfant voit le monde à travers le prisme de ses deux parents et des adultes signifiants qui gravitent autour de cette famille, sa future palette émotionnelle est donc largement conditionnée par ce que le parent donne à voir et à entendre.

Si le parent sourit, l'enfant est dans de la quiétude, bien, sans problème.

Si le parent est dans du blanchiment émotionnel, dans de la colère, de l'énervement, de la souffrance manifestée ou pas, cette palette émotionnelle va être ressentie par l'enfant. Il va prendre une posture qui prendra en compte cette vision et ce comportement du parent, en devenant ou le héros ou la victime dans un mimétisme du parent. »

Elle est donc subjective.

La souffrance est donc le fruit de la vision du monde et pour l'adulte, c'est la souffrance de son enfance qui n'a pas été prise en compte. Cette souffrance enkystée dans notre mémoire, bien sûr, reste notre réalité dans notre présent quand elle est réactivée dans la vie relationnelle ou événementielle de tous les jours.

Celui ou celle qui est dans ce tourment émotionnel, fruit de cette programmation que son inconscient lui impose, est dans une perte de tous ces points de repères et cette souffrance, qui n'est pas reliée à du sens, peut amener l'individu à des passages à l'acte extrême, genre violence physique sur l'autre « *meurtre* » ou sur lui « *suicide* »

La posture du futur adulte se trouve programmée donc dans son enfance, clivage émotionnel ou dépendance émotionnelle.

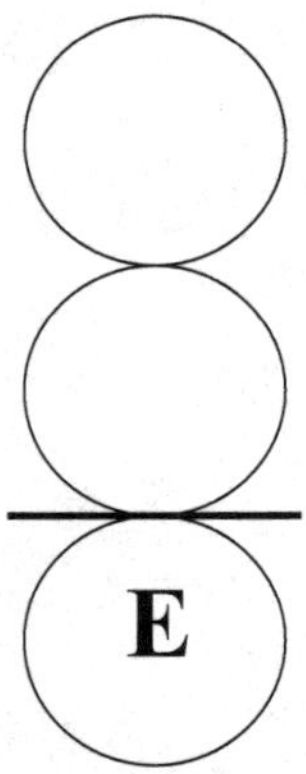

Nous avons vu que si la souffrance de l'enfant n'est pas prise en compte par son parent, s'il est rejeté, comme il ne peut pas invalider ni juger son parent, il va mettre un couvercle sur son mal-être pour ne pas déranger. Il va se faire oublier, il retournera sur lui ce jugement, dans une culpabilité, un manque d'estime et un manque de confiance. Il pourra devenir introverti, avec plutôt un fond dépressif, car si trop de souffrance il peut imploser = *suicide*

Il pourra rester dans une posture de dépendance à son environnement, soumis à une personne, voire devenir un bâton de vieillesse = *un Tanguy*.

Toute sa vie il pourra avoir de la difficulté à prendre une place d'affirmation, à être autonome.

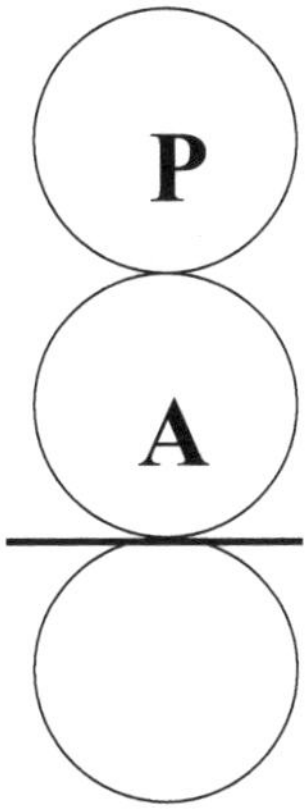

Dans le même contexte, l'enfant peut aussi, avoir un autre scénario, mettre un couvercle, mais il restera au-dessus. Il deviendra plutôt extraverti, tourné vers l'action, leader.

Posture de chef, de héros, avec un manque de sensibilité, si ses affects sont touchés, il peut exploser (colère, violence, devenir psychorigide voire psychopathe).

Il peut dans la société, prendre une place de premier plan et faire illusion, voire être envié.

C'est sa famille ou sa descendance qui subira et pourra hériter des conséquences de ses comportements.

Si deux enfants sont abandonnés dans une forêt la nuit, en hiver au froid ils peuvent attendre d'être découverts.

Un des deux peut aussi prendre la posture de héros, nier son propre ressenti et devenir le parent absent.

L'autre enfant, lui, reste à s'invalider. L'aide qu'il apporte, c'est sa posture de soumis, de victime.

Les deux enfants forment une entité à eux deux, ils se béquillent.

Nous retrouvons ce genre de relations dans les familles où les parents pour des raisons multiples, sont absents ou pas disponibles, voire trop en souffrance.

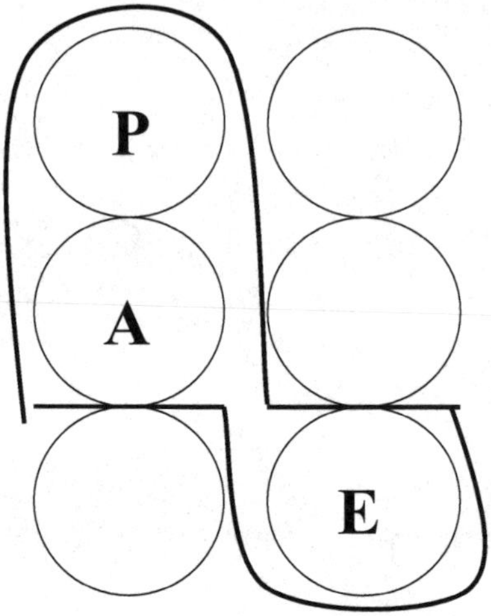

« La souffrance est donc un état subjectif »

Définition du mot : subjectif

Qui est relatif à l'impression, à l'affectivité, qui peut donc varier en fonction du sujet.

Relatif au sujet propre (*s'oppose à « objectif »*)

En médecine, se dit de troubles qui ne sont perçus que par le patient.

Cette subjectivité agit comme un leurre, un prisme qui déforme la réalité. C'est le pouvoir de l'inconscient qui projette un vécu qui a été traumatique dans la petite enfance et qui est resté gravé. Il suffit parfois d'un événement anodin, sauf pour la personne qui le subit, qui déclenche ce raz-de-marée émotionnel.

Cette remontée du passé peut perturber gravement l'individu.

« Voici un exemple :

Une personne (*de 58 a*ns) le 11 septembre 2001, en allumant sa télé, voit les tours de **Manhattan** s'effondrer. Elle tombe dans une dépression grave, au point que son médecin veut l'envoyer en hôpital psychiatrique.

Cette personne ayant eu besoin de faire une démarche pour un problème lié à un traumatisme quelques années avant, m'appela pour comprendre ce qui se passait, ne voulant pas aller en HP.

Connaissant son histoire, je suis plus rapidement rentré dans son vécu. Je lui ai demandé si elle connaissait **Manhattan** et si elle était allée dans ces tours.

La recherche que je proposais, partait d'une hypothèse que l'effondrement de ces tours, présupposait une remontée d'une image de son histoire, liée à ces tours mais aussi à un effondrement d'une construction de son enfance.

L'événement quoiqu'important et grave pour les personnes présentes en direct, ne l'était pas pour elle. Sa réaction émotionnelle n'était pas légitime, sauf si…, d'où mes questions.

Elle put me dire qu'elle avait participé à un voyage organisé aux États-Unis, qu'elle avait 21 ans à cette époque et qu'elle était seulement passée au pied de ces tours. Il n'y avait pas de souvenirs particuliers liés à ce voyage ou à ces tours.

Mon hypothèse prenait corps, mais ce n'était pas suffisant pour expliquer et comprendre cette réaction.

Je me rappelais que son père était décédé quand elle avait une vingtaine d'années.

Elle me dit que son père était décédé trois semaines avant ce voyage qui était décidé depuis longtemps et qu'il était un cadeau de ses parents. Elle avait accepté de partir dans l'espoir que ce voyage viendrait amoindrir la peine de cette perte ; sa mère l'avait encouragée dans ce sens.

Je me rappelais une lecture où l'auteur parlait du symbole que ces deux tours représentaient pour la ville de New York : « un couple de parents » qui protégeait la ville.

Cette image d'un couple de parents qui protégeait, vint se superposer avec l'image des parents de cette personne. Cela me donna une piste pour comprendre ce que son inconscient avait pu échafauder.

Pour cette personne, c'est son père qui avait été depuis ses trois ans, la personne de référence, le protecteur. Il remplaçait la mère sur un plan affectif dans la vie de tous les jours. La mère était plus en retrait, avec une vie sociale de premier plan (*elle admirait sa mère pour sa réussite*).

La perte de son père remettait sur le devant de la scène le manque de sa mère et détruisait toute la construction de la réalité qu'elle avait faite enfant.

L'hypothèse est que son inconscient, devant ces tours, ait pu avoir ce raisonnement et qu'il ait remis en place l'image du père pour masquer l'absence de la mère (*l'arbre qui cache la forêt*). C'était sa mère qui lui manquait depuis toujours. La présence chaleureuse de son père palliait ce manque et elle se retrouvait doublement orpheline, d'où cette construction du monde pour masquer sa souffrance.

En l'accompagnant dans cette revisite de son histoire et de la palette émotionnelle de cette période, elle a pu se reconnecter avec des émotions qui étaient restées en pause (*d'où son implosion*). Elle a pu en comprendre le sens, la cause et les conséquences, reprendre une place d'adulte pour accueillir un émotionnel d'enfant et sortir de son état dépressif afin de pouvoir faire le deuil du manque de ses parents, deuil qui n'avait pu être vécu pleinement, d'où cette blessure et son implosion.

Cette personne a pu reprendre très rapidement une vie normale. »

Cet exemple montre comment la souffrance non vécue, non exprimée, non prise en compte de l'enfant, peut encombrer la perception du monde du futur adulte.

« La souffrance est donc un état subjectif »

Si nous nous mettons dans une vision dite objective, en contact avec la réalité de la vie, il n'y a donc pas de problème, que des événements, qu'il nous appartient de vivre, donc de gérer.

Si nous ne pouvons pas les gérer correctement, c'est que nos parents ne nous ont pas donné les bons outils pour appréhender le relationnel et les interactions qui en découlent.

« La vie est un long fleuve tranquille »

Si nous partons sur cette hypothèse,
La vie est comme une ligne droite, sans brisure,
Sans problème particulier :
Comme une courbe de température,
Le matin 36°8, l'après-midi 37°2, des variables
Qui ne sont pas des problèmes !

Si l'enfant, manque de l'amour de ses
Parents, il y aura donc un vide affectif que représente
Cette figure.
Il aura un fort sentiment d'abandon avec
Une recherche de lien et le paradoxe d'avoir une
Difficulté à en faire.

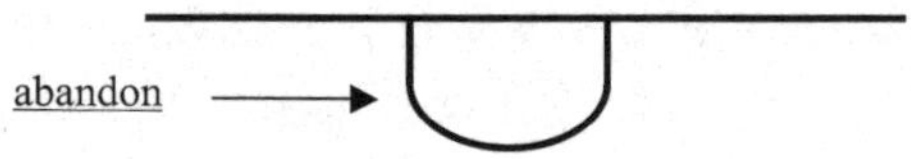

Si l'enfant subit l'investissement d'une maman poule, il va avoir un sentiment d'<u>étouffement</u> qui va cacher un manque de reconnaissance, de ce qu'il est, comme un enfant abandonné.

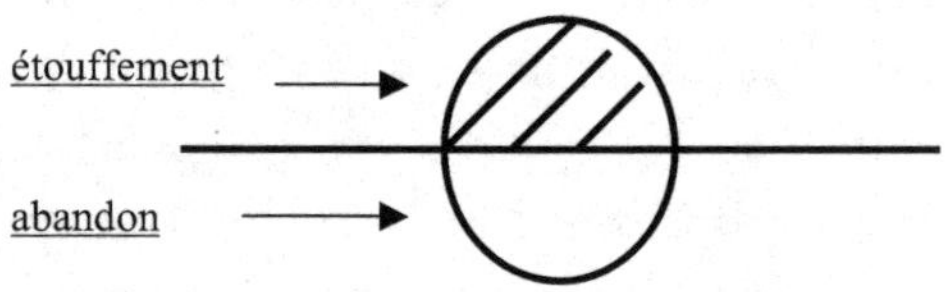

Devenu adulte, la personne qui est en manque affectif va se mettre en quête « *d'un mythe* » relationnel, d'une personne idéale qui viendrait combler son manque. (*Phase fusionnelle*).

Si nous restons sur cette hypothèse, la personne homme ou femme, va rejeter l'amour qui lui est donné. (*Après la phase fusionnelle*)

La logique de cette réaction, il faut la rechercher dans son enfance.

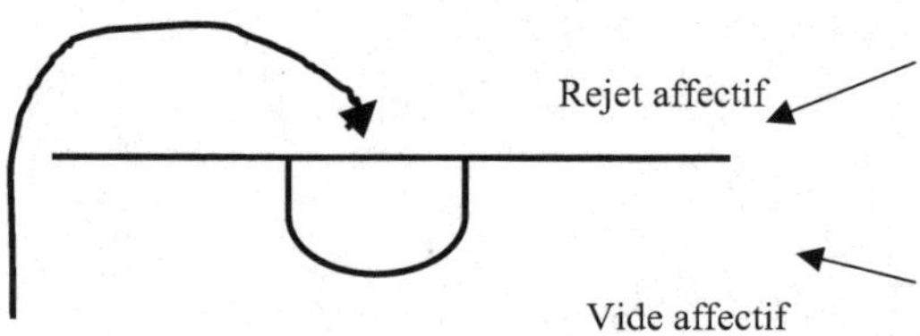

Si sa mère ne l'a pas suffisamment investi, peut importe les raisons, l'enfant ne peut pas dire que c'est la faute de sa mère, il ne peut pas juger sa mère, sans être coupable. (*Tu ne jugeras point, tu respecteras ton père et ta mère*) Survivance d'une morale judéo-chrétienne qui a servi de ciment à la structure de notre société. Il va donc retourner sur lui la responsabilité de ce qu'il vit, il deviendra coupable des faits, du rejet, du manque d'amour et du fait de ne pas être digne d'être aimé.

Cette image de lui viendra s'enkyster d'une vision négative et invalidante de la personne qu'il est et qu'il représente.

Si on l'aime, cela sous-entend qu'il est digne d'être aimé, ce qui pour lui, n'est pas acceptable, cela remet en cause sa vision de son vécu d'enfant, cela sous-entendrait que sa mère ne serait pas une bonne mère.

Pour rester loyal à son souvenir, à l'image de la bonne mère et à sa construction du monde, il fera tout pour se faire rejeter, voire il rejettera.

Nous retrouvons dans ces scénarios, des variantes qui ont toutes le même point commun : une difficulté à s'épanouir dans les échanges relationnels, amicaux ou amoureux.

Si nous regardons dans la continuité du scénario de la 1re personne en manque affectif, elle peut rencontrer une 2e personne qui elle vient d'une autre planète relationnelle où elle aura été étouffée. Elle appartient à un système où le lien est de la survie pour le parent.

L'enfant devient son médicament, son moyen de survivre, il devient le héros.

Cette 2e personne, qui a été héros, retrouve dans la première le manque affectif vital de sa mère. Elle retrouve par la même occasion le rôle de héros, qu'elle a suffisamment habité pour en faire une part importante de sa personnalité ; elle va donc vouloir sauver cette personne qui coule affectivement.

La 1re personne voit dans l'autre, le personnage idéal, tant attendu « *le mythe* » relationnel.

Pendant une période plus ou moins longue, la relation s'équilibre, les deux se donnent et reçoivent « *la lune de miel* ».

Cette relation de complémentarité peut durer dans certains couples, jusqu'à la venue de l'enfant, qui vient redonner d'autres paramètres.

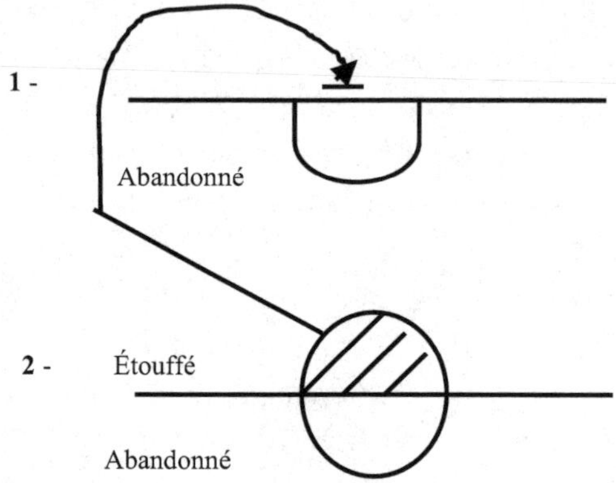

Avec ou sans enfant, la fin de la lune de miel, ramène le rejet pour le héros, si ce scénario dure, il pourra accuser l'autre, de l'abandonner. Il ne pouvait pas le voir tant qu'il était dans l'action, de sa posture de héros, avec le positif qu'il en retirait. Ne pouvant plus agir dans ce rôle, il se retrouve dans la partie cachée, son côté victime = abandonné.

Ce qui se rejoue pour la 1re personne, c'est le rejet de son parent et si elle essaie d'aller vers la 2e personne, cela confirmera qu'elle est la mauvaise, la méchante, que c'est de sa faute.

Car à ce moment-là, la 2e personne, elle se sentirait étouffée par la demande de survie de l'autre.

C'est un jeu à deux, qui peut durer très longtemps, quand les deux personnes retrouvent leurs vécus d'enfant avec les paramètres dans lesquels ils ont grandi, et avec lesquels ils ont pris des habitudes, des conditionnements, des réflexes relationnels.

Quand les deux scénarios se combinent pour s'équilibrer dans une forme pathologique mais qui est connue et qui a été vécue suffisamment longtemps pour ne pas être remise en cause spontanément, cela rassure.

Il y a malheureusement une contre partie physiologique à ce genre de relation déstructurée qui s'appuie sur la souffrance et les blessures affectives des gens, le corps peut physiquement souffrir, par des somatisations.

Des maladies, des pathologies physiques plus ou moins graves et parfois aussi, par des accidents qui fortuitement viennent amener une tentative d'informer, de réveiller la personne qui tout en étant mal ne s'autorise pas à sortir de cette relation.

Ces incidents, accidents, maladies, tout ce qui vient rompre cette homéostasie, peut permettre le changement, sans l'avoir choisi, décidé, donc dans sa forme pathologique.

Ce changement viendra réactiver la souffrance première et mettra encore plus la personne dans une sensibilité à fleur de peau.

« La non-communication »

Nous ne communiquons pas, nous envoyons une vision de la réalité, qui est conforme au besoin que nous avons de nous valider dans nos ressentis, donc de nous rassurer. En fait la personne émet un message sans en avoir le sens, elle sent qu'elle est mal, sans en avoir la cause, sans avoir vu le déclencheur ou ce déclencheur sera détourné de sa fonction première.

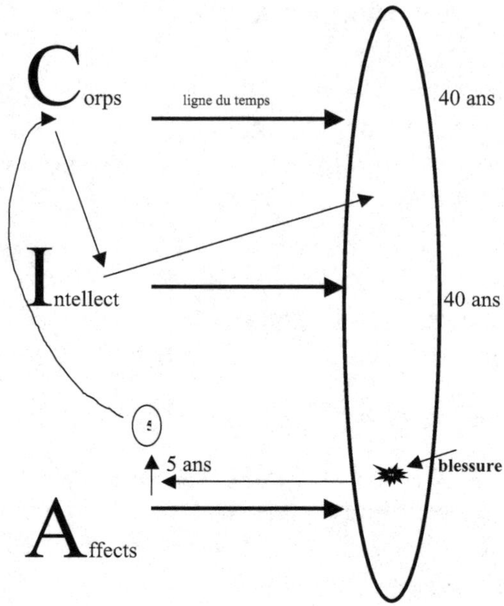

Ce schéma essaie de mettre en forme la difficulté de communiquer, quand les personnes sont dans un registre émotionnel. (schéma mis en forme par Michel KEROUAC)

Corps **I**ntellect **A**ffects

Le Corps renvoie dans les relations humaines à la relation non verbale, analogique. Nous pouvons parler avec les mains (entre autres le langage des sourds) la gestuelle, la posture, avec l'attitude.

La plupart du temps, le langage du corps est difficilement contrôlable car dirigé par notre inconscient.

Nos pensées, nos émotions sont mises en forme par nos gestes et les expressions de notre visage et sont parfois en désaccords avec nos paroles.

Nous échangeons informations et nous interagissons dans les relations par la parole (*qui ne représente que quarante pour cent du message envoyé*) et par le corps.

L'Intellect: L'*intellect* est le produit de l'activité du cerveau *antérieur* ou « *grand* cerveau » Il s'exprime en l'être humain par le processus de la *pensée,* donc par *les pensées*, et génère autour de lui un univers que l'on peut qualifier de *mental.*

Les pensées sont donc la construction et la compréhension intellectuelles du monde tel que la personne le voit ou le conçoit.

Face à ce qui n'est pas connu, la personne, pour se rassurer, va chercher, dans un référentiel de ce qui a déjà été vécu ou hérité du clan et de la culture d'appartenance, des paramètres qui ramènent de la ressemblance.

S'il n'y a pas de passerelles connues, de convergences même ténues, il va y avoir une angoisse qui peut amener la fuite, une tétanisation ou de la colère, face à un danger que le non connu peut générer.

(Les films récents proposent une construction du monde déformée, voire complètement nouvelle, ce qui met pour des gens fragiles avec une identité encore en construction, un risque de déstabilisation au point de vouloir vivre dans la vie ce qu'ils ont vu dans les films).

Les Affects : Les *affects* précèdent la prise de conscience de ce qui est vu. Ils sont à l'origine des émotions et de l'humeur d'un individu.

Ce terme caractérise une gamme d'émotions agréables ou non qui s'appliquent à des états déclenchés par des situations, des objets précis ou bien des états vagues.

Freud s'est particulièrement penché sur l'affect angoissant. Celui-ci est d'abord déclenché par une situation traumatique.

Ensuite le moi peut par un mécanisme de défense, créer un signal d'angoisse, lorsqu'il rencontre de nouveau la situation traumatique reproduite sous une forme atténuée. Les réactions alors provoquées déclenchent des faits visant à maîtriser l'afflux d'excitation.

Les flèches représentent la ligne du temps.

Imaginons un individu qui aurait 40 ans.

Il peut avoir le **corps** qui correspond à sa tranche d'âge, il est dans la norme.

Il peut avoir l'**intellect** qui correspond à sa tranche d'âge, il est dans la norme.

Les **affects**, jamais à cent pour cent.

Si quelque chose vient perturber cette personne, l'affecter, c'est une blessure de sa petite enfance, (*disons vers 5 ans*) qui vient d'être réactivée.

Cette réactivation vient mettre l'individu dans un comportement ou une posture particulière, *(comme un animal blessé : immobilisme, fuite dans sa tanière, mutisme, il aboie ou agression)*

Celui qui est en face et qui voit son dysfonctionnement, l'interroge sur le pourquoi.

Le premier individu, va, intellectuellement, se justifier en validant son comportement par des faits et des supports dans ce qui vient d'être vécu.

Celui qui est en face peut redemander à nouveau le pourquoi.

Le premier individu, peut amplifier sa réaction, voire se mettre en colère, pour ne pas perdre la face.

Celui qui est en face ne se sent pas entendu, pas pris en compte, il le vit comme une injustice, c'est qu'il a, dans son enfance, vécu une injustice.

Il va donc avoir lui aussi un comportement anormal.

Il y aura deux enfants dans une cour d'école de maternelle, mais il n'y aura pas d'adultes.

Nous sommes devant un modèle classique de non-communication, où chacun envoie une information, sans avoir accès à la motivation et la cause première. Il ne peut entendre le message de l'autre, il ne reçoit pas, trop préoccupé à envoyer son message pour se rassurer.

« **La souffrance est donc un état subjectif** »

Si une personne se tape sur un doigt avec une certaine énergie, elle va avoir mal, sa chair va être tuméfiée, elle aura une douleur, l'idée qu'elle se fait de ce qu'elle a, cela s'appelle la souffrance.

Dans les services hospitaliers, les soignants passent et demandent aux patients où ils en sont vis-à-vis de leur souffrance et de l'étalonner entre 0 et 10, pour cibler leurs capacités à la gérer et les aider par la prise de produits à réduire, voire à enlever cette souffrance.

Ce qui montre comment, d'un individu à l'autre, pour un fait identique, les positionnements émotionnels sont parfois très éloignés.

Nous pouvons voir comment le mental peut être canalisé par un conditionnement et un accompagnement, dans une opération chirurgicale sous hypnose : le patient n'est pas endormi, il sent mais ne souffre pas.

Dans ce no man's land (*au sens figuré, terrain inhabité*) de sens, là où la raison n'a pas sa place, où la résonance émotionnelle prend toutes les capacités intellectuelles, il devient nécessaire d'aller rechercher dans le souvenir du système familial, du clan d'appartenance, de la réalité, des explications et bien sûr de la raison, pour retrouver une vision plus conforme du monde et des relations et ainsi envisager de pacifier le passé.

Le passé n'a de réalité qu'en fonction du regard que l'on porte sur lui.

(***C'est l'exemple du verre à moitié vide ou à moitié plein***)

Il est donc important de réactualiser notre perception de ce passé et de voir ce que nos ancêtres nous en ont donné.

L'enfant, qui arrive dans ce monde, est tout neuf, il n'a pas accès à la réalité de ce qui est. Son inconscient puise dans le côté inné de la race humaine pour le mettre en corrélation avec le monde qui l'entoure, principalement sa mère, qui est tout investie de son rôle.

Dans le meilleur des cas, elle va investir d'amour son enfant, ce qui est fondamental pour son équilibre psychique futur, bien plus que vouloir en faire un bébé vitrine (*pour valider le parent*) et s'en occuper comme d'une poupée (*déshumanisé*).

Lui, il n'aime pas sa mère, ni son père d'ailleurs. Il est dans son monde, tourné vers les sensations très viscérales de ce qui est son besoin fondamental. Le terme « amour » ne veut rien dire, surtout pour un enfant. Il va redonner l'investissement qu'il reçoit de ses parents et de sa mère en premier, par des sourires et progressivement par des appels.

Le jeu relationnel commence, sous une forme ludique, mais pour l'enfant cela est une découverte et un vrai investissement d'énergie qui lui demande beaucoup d'attention. Il ne faut pas trop vouloir imposer car l'enfant est très rapidement fatigable, il ne tient pas son attention très longtemps.

Je vais vous montrer par un support, comment l'enfant dans la relation à sa mère peut se mettre en posture d'invalidation et devenir un rouage dans l'équilibre de la famille.

Quand nous allons au marché pour acheter entre autres des légumes, le marchand met d'un côté, un panier et de l'autre, une tare pour rééquilibrer la balance.

Dans le langage populaire, il est dit qu'un enfant qui dysfonctionne, est taré.

Deux adultes peuvent se rencontrer pour compenser leur mal-être, donc leurs déséquilibres.

Quand l'enfant arrive, l'équilibre que ces adultes avaient trouvé, se retrouve remis en questions.

L'enfant va donc dans cette configuration relationnelle devoir se tarer pour essayer de rétablir l'équilibre que sa venue avait perturbé ; tous les enfants qui vont suivre, vont eux aussi devoir se tarer.

Une mère en souffrance, va faire subir cet état à son enfant, qui ne peut faire autrement que de le vivre.

Il va essayer d'aller vers sa mère pour faire entendre son mal-être, mais la mère, trop mal peut en rajouter en le rejetant.

L'enfant très vite, va apprendre à ne plus demander et il va retourner sur lui la responsabilité de la réaction de sa mère, c'est de sa faute, c'est lui le coupable.

Nous appelons ce comportement une boucle d'invalidation, il va s'invalider.

Il va, pour aider le système, se tarer, dans un savoir-faire :

Le 1er de la classe ou le dernier

Le très gentil ou le caractériel

Le transparent ou le clown de service

Le malade chronique ou le médecin, le psy, l'éduc, l'AS…

Cette tare n'est pas que négative vis-à-vis de la société, mais pour l'enfant, toujours une dépendance et un non-choix.

Il va être reconnu pour ce qu'il fait, pas pour ce qu'il EST.

Si ce comportement dure trop longtemps, il va lui-même s'identifier à ce rôle qui a une fonction dans le système familial.

Et parfois toute sa vie, il recherchera un contexte pour que son rôle soit à nouveau reconnu, même si cela lui donne des désagréments.

Notre souffrance appartient à notre enfance, ce que le parent n'a pas pu entendre et réparer, il nous appartient de le faire, de prendre en compte ce mal-être en faisant une différenciation, entre l'enfant et l'adulte, faire une dichotomie.

D'être un parent pour soi-même.

Nous avons aussi à le faire pour différencier le positif du parent, de son côté enfant en souffrance.

Ne pas rester dans de la souffrance, ni dans la colère ou la haine.

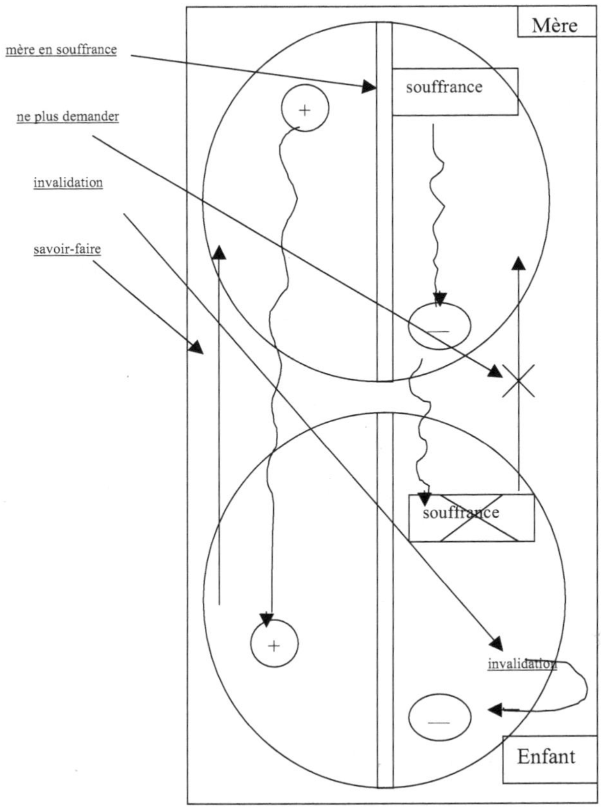

Nous avons l'héritage judéo-chrétien qui nous donne à entendre qu'il faut nous aimer les uns les autres, qu'il ne faut pas juger, qu'il faut respecter son père et sa mère, qu'il faut pardonner à ses bourreaux. Il peut y avoir un piège et surtout une culpabilité qui peut en découler si l'enfant vient sur ces concepts relationnels.

Quand l'enfant vient au monde, il arrive sur terre, ses parents sont vécus comme des dieux.

Papa est le plus fort, maman est la plus belle, ceci dans le meilleur des cas.

Si tout se passe bien, l'enfant va grandir avec des parents qui vont l'accompagner dans tous les actes et événements de la vie.

L'enfant dans son parcours initiatique, va rencontrer d'autres adultes signifiants. Ce sont les enseignants dans le primaire et secondaire. Autant de supports relationnels qui vont permettre à l'enfant et l'adolescent de se différencier progressivement de l'image de toute puissance de ses parents.

Si les parents sont suffisamment matures, ils vont accepter que leur enfant soit en train de muter vers une personnalité différente de leur vision ou de leur attente.

Si ce n'est pas le cas, ils vont maintenir leur enfant sous un pouvoir invalidant en remettant en question sa vision et celle des autres adultes. L'enfant, face à ce contexte, peut, soit se castrer en se soumettant ou devenir rebelle en remettant en cause la vision de ses parents.
(*On appelle ces comportements, la crise de l'adolescence ce qui rassure, au moins sur un niveau, les parents*)

Je partirai plutôt sur une crise d'adulte qui n'accepte pas de perdre le pouvoir et qui essaie de le garder, le pouvoir, par des comportements de plus en plus contraignants.

(*Le côté animal où le chef de meute, le mâle dominant chasse les jeunes qui pourraient lui prendre sa place*)

Dans notre société, ce sont les adultes qui écrivent les livres, donc le message qui passe, reste ciblé sur l'enfant qui vient déranger ce pauvre parent.

Nous vivons dans un monde judéo-chrétien avec des valeurs morales du bien et du mal.

L'exemple montre le père qui est démystifié

Si avant que l'enfant soit devenu adulte, le père tombe de son piédestal**, il va en enfer, ce qui entraîne l'enfant dans le négatif et la culpabilité d'être témoin de ce constat.**

La mère est surinvestie, admirée pour compenser.

Si devenu adulte, nous continuons à admirer notre parent, nous resterons soumis dans une posture d'enfant.

Il est important de remettre nos parents sur un plan normal, avec des qualités et des défauts.

Ce qui permet de nous remonter sur un plan normal avec des qualités, qui sont l'héritage positif de nos deux parents.

De prendre en compte nos souffrances qui sont la conséquence du dysfonctionnement des parents.

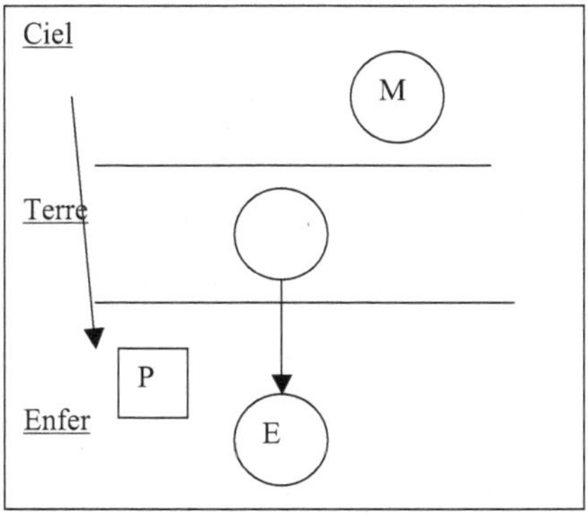

1° - La rencontre d'un soir sans préméditation consciente des conséquences. *(Et la suite)*

Voici une histoire qui va mettre en scène certains paramètres de cette forme de rencontre, de l'héritage familial et les suites relationnelles dans la vie de cette femme *(et de cet homme)*

*(Une femme, nous l'appellerons (**Ange**), vit dans une petite ville de province. À 17 ans, elle rencontre un homme, leur rencontre d'un soir, fait qu'elle va tomber enceinte. Elle décide de garder l'enfant bien que le géniteur ne désire pas devenir père, une petite fille naît. Quand sa fille a 5 ans, elle rencontre un homme, ils se marient et il reconnaît la fille.*
Ensemble ils auront 5 ans plus tard, un garçon.)

Quand je les rencontre, elle a 37 ans, **Ange** vient me voir avec son mari **Xavier**, pour une difficulté de couple, ils sont dans une phase de fragilité.

Xavier est dans le doute, attiré par une autre femme, dans l'impossibilité de trancher, rester ou partir.

Ange est dans le désespoir, la perte de tonus, dépressive, sans pouvoir trancher, avec un sentiment de vide.

Voici ce qu'ils ont pu me dire de leurs histoires.

Ange est la cadette d'une famille de trois enfants, entre deux frères, le père ouvrier dans une usine et la mère secrétaire. Quand elle a 10 ans, elle perd son père.

Xavier famille similaire, il est aussi le cadet, entre deux frères, ses parents sont du même niveau social.

(Mon hypothèse pour orienter mes questions, était qu'ils se retrouvaient dans une tranche d'âge, phase de leur vie où ils revivaient une remontée de leur histoire.)

Ange, sa mère venait d'une fratrie de cinq enfants, elle était la petite dernière, 5 ans avant sa naissance et juste avant elle, sa mère avait perdu une petite fille à la naissance.

Du côté de **Ange**, le fait de sa première grossesse, peut correspondre, au pouvoir de son inconscient d'avoir fait un enfant de remplacement pour la sœur de sa mère, enfant cadeau pour réparer la souffrance de la grand-mère.

La résonance des âges est aussi significative : décès du père elle a 10 ans ; elle se marie, sa fille a 5 ans ; naissance du petit frère, la fille a 10 ans et quand ils consultent, le fils a 10 ans.

Nous sommes :

<u>Pour elle</u>, dans une résonance de sa blessure d'enfance, la convergence de ces cycles de 5 ans, 10 ans et 15 ans, âge de ses enfants et son âge au décès de son père.

Ange revisite la perte, le deuil non fait, la perspective du départ de son mari lui renvoie cette absence et une souffrance qui n'a jamais pu être entendue et encore moins prise en compte.

Ange se retrouve à côté de son mari qui a ses pensées tournées vers une autre personne, ce qui lui renvoie la posture de sa mère qui après le décès du père était restée dans un état dépressif tournée vers un ailleurs.

Son mari, a eu le pouvoir de lui ramener les deux personnes importantes, son père et sa mère. La similitude de ces deux situations la remet dans cet état un peu dépressif, comme choquée, par la remontée du souvenir émotionnel du décès de son père non résolu.

Pour lui, il y avait dans la famille de sa mère, un enfant décédé. Sa mère était dépressive dans un processus de morosité, toujours dans un autre monde.

Xavier retrouvait dans **Ange** la similitude de comportement, ce qui le rendait immobile, coupable de vouloir partir vivre et de laisser sa mère ***(Ange)*** dans son mal-être.

Xavier était prisonnier d'un rôle de héros qu'il avait eu à côté de sa mère et avec la frustration de passer à côté de la vie.

Xavier avait en plus hérité du père, qui lui ramenait aussi son immobilisme *(son père avait 10 ans à la naissance d'un frère handicapé)* et lui aussi avait eu, ce rôle de héros à côté de sa propre mère.

Ses deux parents avaient associé leurs souffrances, nous pourrions plutôt dire que leurs souffrances les avaient fait se rencontrer.

Xavier avait reproduit avec **Ange** l'équilibre du couple de ses parents, dans leur complémentarité, la posture du père qui protégeait la mère tout en maintenant pour chacun leur état d'immobilisme, dans le scénario de leur enfance.

Pour **Xavier** aussi, l'âge de son fils, 10 ans, avait été comme un vecteur invisible qui lui avait donné envie de partir vivre, sans pouvoir se l'autoriser, héritage d'une forme de non-autorisation à vivre que ses deux parents lui avaient transmis.

Xavier rêvait d'un ailleurs sans se le permettre, loyal à son système.

Ange était rattrapée par un deuil non fait, d'où son état dépressif.

Le travail qui leur fut proposé, c'était de les replonger individuellement dans les blessures familiales d'héritage et leur vécu d'enfant, sous le regard de l'autre du couple. Le but était qu'ils aient une compréhension du comportement et qu'ils puissent tous les deux, plus facilement démystifier ce qu'ils avaient hérité et les conséquences sur leur vie personnelle et de couple.

Différencier, c'est les aider à faire, pour **Ange**, le deuil de son père, pour **Xavier** faire le deuil de la croyance qu'il n'avait pas droit au bonheur.

Pour le couple, prendre la mesure de ce qu'ils pourraient encore vivre ensemble ou pas et pouvoir prendre une décision plus librement vis-à-vis de leur couple.

C'est ce qui a été fait ; ils ont pu se mettre dans une rencontre plus d'adulte et la reconstruction du couple a pu se faire, *(comme s'ils étaient sous hypnose et qu'ils s'étaient réveillés).*

Ce qui a marché pour ce couple, n'aurait pas obligatoirement réussi pour un autre.

L'histoire d'un couple, est la conséquence d'une co-construction où chacun apporte des matériaux, ce qui finalise la particularité de leurs relations et aussi de ce que les enfants vont y trouver pour se construire.

Le couple est comme une entité, avec une vie propre qui est la somme de ce que chacun y apporte et y trouve. Comme un enfant qui grandit, le couple (*la famille*) est dans cette progression, mutation, maturation.

(Un couple qui danse la valse, nous pouvons voir l'homme diriger et pourtant il y a une co-construction des figures et de la trajectoire que le couple va vivre et prendre. L'homme qui dirige le couple est obligé de faire avec les inputs que la femme dans sa soumission apparente, va lui imposer ; les deux sont coauteurs de la réalisation positive ou négative)

Nous pouvons faire un parallèle entre les étapes d'un couple et d'un être humain :

La rencontre (*passion*) :

Le côté fusionnel d'une Naissance.

Le début de la relation en couple (*euphorie*) :

Le côté euphorique et magique de l'Enfance.

Trouver sa place dans le couple (*négociation*) :

Les doutes et les négociations de l'Adolescence.

Le stade des projets du couple (*enfant*) :

Le côté euphorique, de doutes, des projets de l'Adulte.

L'accomplissement des projets (*être parents*) :
Maturité, l'adulte se réalise en réalisant.

L'épanouissement (*concrétisation des projets*) :

Vieillesse, l'épanouissement de l'Être.

L'acceptation (*changements de vie*) :

La Mort, acceptation de l'impermanence.

<u>Dans la continuité de cette approche, la place et le vécu de l'enfant issu de cette rencontre.</u>

*(Une femme, nous l'appellerons (**Béa**), vit dans une commune de milieu agricole.*

*À 22 ans, (**Béa**) rencontre un homme marié, leur rencontre d'un soir fait qu'elle va tomber enceinte,*

Elle décide de garder l'enfant bien que le géniteur ne désire pas reconnaître l'enfant, une petite fille naît.

Quand sa fille a 2 ans, elle rencontre un homme. Ils se marient et il reconnaît la fille ; ensemble ils auront deux fils et deux filles.

*Sa fille aînée, nous l'appellerons (**Cloé**), c'est elle qui me consulte)*

Quand je la rencontre, elle a 50 ans, **Cloé** vient me voir pour comprendre son parcours et ce qu'elle est entrain de vivre avec son compagnon **Yves** ; elle est dans une remise en cause de sa vie.

Cloé me raconte son histoire, elle est avec cet homme depuis 6 ans.

Avant cela, quand elle avait 20 ans, elle s'est mise en ménage avec un homme et ils ont eu une fille 2 ans après. **Cloé** a 22 ans, le même âge que sa mère à sa naissance.

Quand sa fille a 2 ans ils se séparent !

*(Nous pouvons voir que **Cloé** continue le programme de sa mère, mais avec une variante, elle répare sa blessure en faisant reconnaître sa fille par le géniteur)*

Cloé dans la continuité de son histoire, quitte son compagnon, sa fille a 2 ans.

(L'âge qu'elle avait quand sa mère rencontre un homme)

Cloé se met avec un homme **Zeus** et elle aura avec lui, une fille 2 ans après, ils se séparent aussitôt la naissance.

*(**Cloé** refait la rupture que sa mère a faite)*

Quand sa seconde fille a 2 ans, **Cloé** décompense et se retrouve à l'hôpital *(HP)* 15 jours, toujours cette blessure qui reste très présente et qui montre qu'elle peut à tout moment être réactivée.

Cloé se remet avec son ex, ils ont un garçon 2 ans après. Elle se retrouve à nouveau à l'hôpital *(HP),* deux mois. Cette remontée de mal-être peut correspondre *(les dates concordent)* à la naissance du premier fils du couple de ses parents, moment où elle a dû se sentir abandonnée.

Ils se séparent à nouveau quand le garçon a 2 ans.

(Nous pouvons voir l'impact de la blessure de son enfance sur son comportement, le cycle de 2 ans est omniprésent dans sa vie, dans les ruptures et les rencontres)

Cloé passe une période de 16 ans seule à élever ses enfants, période qui a permis à ses enfants d'arriver à l'autonomie et à elle de réparer l'héritage où les mères n'ont pas assumé pleinement leur rôle de mère.

Ses enfants élevés et autonomes, elle s'autorise à penser à sa vie et dans une démarche plus individuelle, elle rencontre **Yves** et ils font un parcours ensemble.

Sa seconde fille arrive à 22 ans, âge qu'elle avait à la naissance de sa première fille, c'est à ce moment-là qu'elle consulte.
La difficulté que **Cloé** rencontre avec son compagnon, c'est le pouvoir qu'elle ne peut pas accepter de partager et encore moins de le laisser à un homme. La concomitance des tranches d'âge avec sa fille, la replonge dans cette peur, peur non justifiée car son compagnon actuel est l'antithèse du modèle familial.

Cloé en découvrant le vécu familial de sa mère et de ses grands-parents, a pu comprendre que sa peur du pouvoir de l'homme, était la conséquence d'un passé où il y avait eu des hommes prédateurs. Elle en avait hérité la croyance que tous les hommes étaient comme cela, machos, violents, prédateurs.

Elle s'était donné les moyens d'aller vérifier que cette croyance était réelle, en choisissant les hommes qui pouvaient lui renvoyer cette réalité.

La prise de conscience que cette peur n'était pas fondée, a pu lui permettre de regarder son compagnon d'une autre façon, de pacifier ses blessures en donnant à son compagnon le pouvoir, la possibilité de l'accueillir en toute confiance *(de la materner)*

Dans la continuité, la place et le vécu de l'enfant issu de cette rencontre et les conséquences.

(Une femme prénommée ***Dany****, vient pour être aidée dans une phase de sa vie où elle se retrouve déstabilisée. Elle se met dans la*

recherche de ses origines : sa mère l'a eu d'une relation d'un soir, sous alcool, elle a pu avoir des rapports avec plusieurs hommes)

Dany se présente : 38 ans, mère de trois enfants de pères différents, son dernier enfant est une fille. Tout porte à croire que c'est la venue de cette première fille qui a déclenché : son mal-être et sa quête de compréhension de son histoire, de ses doutes, voire de ses angoisses, qu'elle juge, elle-même, irraisonnées, mais qu'elle subit.

Sa mère, quand **Dany** avait quelques mois, se met avec un homme qui va reconnaître son enfant. **Dany** va grandir avec cet homme qui est pour elle son père.

Pour **Dany** commence un parcours particulier. Très rapidement dans sa petite enfance, ce père va abuser d'elle, au début vers 4 - 5 ans par des attouchements, puis il la violera vers huit ans. Ce cauchemar va durer une dizaine d'années.

Dany est un peu dans le flou, elle pourra dire qu'elle a occulté cette blessure, une amnésie de survie. Elle avait eu des soupçons dans ses rapports aux hommes, mais sans trop y prêter attention.

Pour **Dany** la naissance d'une fille, remettait tout sur le devant de la scène, le rapport du père avec la fille.

Elle prend toute la mesure de ce qu'elle a vécu et ce qu'elle avait repoussé pour survivre : Le côté hors norme de cette famille, les frontières floues et une rigidité des règles relationnelles qui laissaient un pouvoir absolu au père prédateur.

Tout revenait à sa mémoire : comment son père profitait de moments particuliers pour s'isoler avec elle et comment sa mère restait dans l'incapacité à voir.

Dany est allée voir pourquoi sa mère était restée comme non voyante, soumise à la situation.

Dany a eu la connaissance de ce que sa mère avait vécu, elle avait également été abusée par plusieurs personnes de son système familial, dont son père.

L'impact de ce genre de blessure sur la personnalité de l'enfant, peut être énorme. Il donne un sentiment d'inexistence, de ne plus être un individu mais un objet, une marionnette sans âme, sans perspective et bien sûr sans possibilité de se faire entendre, voire de s'imposer, la soumission est de mise.

(Dans la soumission, nous pouvons entendre l'individu qui se soumet, mais qui garde l'image de lui-même).

Dans la non-identité, pas de réactivité, comme déconnecté. *(difficile de concevoir la posture que l'inconscient propose pour survivre, dans ce contexte corrosif).*

Comprendre est une chose, l'accepter en est une autre. Il y a un chemin à vivre, pour intégrer intellectuellement et digérer émotionnellement cette prise de conscience.
De prendre aussi la mesure de sa propre soumission ou réactivité dans certaine situation de sa vie personnelle ou professionnelle.

Comme un voile qui se déchire, **Dany** prend la mesure de son histoire, du chemin à parcourir, mais dans une certaine paix, comme si intérieurement elle peut se dire « je ne suis pas folle ».
Sa posture physique s'en est ressentie, plus droite, plus affirmée, plus légitime à être.

2° - Le besoin de la femme qui fait un enfant toute seule. *(Elle rentre dans un scénario de réparation de l'histoire familiale)*

Plusieurs scénarios sont possibles :

*(Madame **Ève,** fait un enfant toute seule quand elle est juste majeure.*

Elle assume le fait d'être stigmatisée comme mère célibataire, fille mère.

Elle supporte le regard de jugement du voisinage, le monde est cruel, tout ce qui sort de la norme devient dérangeant, insécurisant, d'où le rejet voire l'agressivité de certaines personnes.

Elle met une certaine énergie et détermination à s'en sortir toute seule, comme pour prouver quelque chose)

Sa demande, c'était de comprendre pourquoi ce choix de rester seule et d'être passée à côté d'une vie affective suivie, de construire une famille.

La connaissance de son histoire familiale a pu donner un début de compréhension pour le fait d'avoir élevé son enfant toute seule.

Elle est l'aînée d'une fratrie de quatre enfants, le dernier un frère est décédé à quelques mois, sa mère est devenue dépressive. Le père absent gère sa souffrance dans l'alcool. Elle s'était retrouvée à 10 ans dans une place de responsabilité de mère (*enfant parentifié*) par défaut.

Elle a eu la charge et la responsabilité de sa fratrie et de pallier l'absence de sa mère pour gérer le quotidien, tenir la maison.

Ce rôle lui a donné une certaine image du pouvoir; elle était validée parce qu'elle faisait, elle avait une reconnaissance de la famille élargie et du voisinage.

Ce rôle était devenu son moi, son identité, elle devait rester renfermée dans cette fonction, pour exister.

L'âge de son enfant, (10 ans), vient comme un vecteur la ramener dans la réalité, là, où le monde pour elle avait basculé, elle se retrouvait devant une perspective de vie, à côté de laquelle elle était passée.

Cette crise fut pour elle, comme salvatrice, car cela lui a permis de faire un choix plus affirmé, de donner un sens à sa vie. Elle a pu enrayer une suite possible pour sa fille qui inconsciemment était déjà entrain de se faire programmer.

*(Madame **Fidèle** fait un enfant toute seule quand elle a 18 ans.*

Elle n'assume pas le fait d'être stigmatisée comme mère célibataire, fille mère.

Elle supporte mal le regard de jugement du voisinage, le rejet voire l'agressivité de certaines personnes.

Elle met une certaine énergie et détermination à s'en sortir toute seule envers et contre tous, comme pour prouver quelque chose)

Sa demande émerge d'une souffrance, d'avoir été abandonnée (*ce sont ses dires*), la perte d'une relation affective, qu'elle vivait avec un homme depuis quelques années. Ils étaient à vivre « chacun chez soi ». La conséquence de ce vécu d'abandon lui avait amené un état dépressif, un mal-être, un mal à vivre, elle était envoyée par un médecin qui lui avait prescrit des antidépresseurs.

Madame **Fidèle** est d'origine espagnole, elle est la première de la fratrie, ses parents ont eu cinq enfants, le quatrième décède vers 1 an.

Fidèle a alors 6 ans, la souffrance de ses parents vient se superposer avec la difficulté économique et sociale de l'époque, ils décident de partir d'Espagne et de venir en France.

Fidèle est laissée chez une tante, de la famille de son père. Elle ne reverra ses parents que six ans plus tard.

Quand **Fidèle** vient pour le premier rendez-vous, elle est dans la perte de lien (*dans cette histoire, la tranche d'âge n'est pas le vecteur*). Ce qui fait son problème, c'est l'abandon, être abandonnée par ses parents a créé un traumatisme important, être quittée par son ami a réactivé son trauma.

(Ses parents, comme migrants ont dû subir la xénophobie des gens, le rejet, l'agressivité de certaines personnes)

Fidèle supporte mal le regard de jugement du voisinage, le rejet voire l'agressivité de certaines personnes.

(*Elle est dans l'héritage des valeurs et de la fierté que ses parents et elle-même ont dû développer pour s'intégrer dans un nouveau pays sans connaître la langue, ne pas montrer ses faiblesses, un point d'honneur à s'en sortir toute seule*).

Fidèle n'assume pas le fait d'être stigmatisée comme mère célibataire, fille mère.

Fidèle met une certaine énergie et une détermination, un point d'honneur à s'en sortir toute seule envers et contre tous, comme pour prouver quelque chose.

(*Son inconscient l'a maintenue dans un comportement paradoxal où elle continuait de vivre dans de la marginalité, comme un moyen de rester dans une stimulation pour montrer qu'elle était digne d'être aimée par ses parents, tout en continuant de pouvoir se plaindre, pour faire entendre sa souffrance de petite fille qui n'avait jamais été prise en compte*).

Fidèle avait besoin de faire entendre sa souffrance. Cet événement pouvait lui permettre de recontacter et traiter cette blessure du passé, une possibilité pour le dire à ses parents qui lui avaient manqué.

Elle devait pour ne pas être dans le jugement, comprendre ce que ses parents vivaient à l'époque et l'héritage familial. Elle était restée comme un lien, un cadeau vis-à-vis des grands-parents.

*(Madame **Gloria**, veut faire un enfant toute seule, elle a 35 ans.*

Elle assume le fait d'être stigmatisée comme mère célibataire, fille mère.

Elle supporte le regard de jugement du voisinage, le monde est cruel, tout ce qui sort de la norme devient dérangeant, insécurisant, d'où le rejet voire l'agressivité de certaines personnes, même de sa famille.

Elle met une certaine énergie et détermination à s'en sortir toute seule, comme pour se prouver quelque chose)

La demande de **Gloria** était particulière, elle venait pour le projet d'avoir un enfant toute seule par insémination artificielle, elle était déjà dans le protocole avec un organisme en Belgique pour une F.I.V. Elle avait vécu deux implantations sans résultat, la psychologue qui la suivait en Belgique lui avait fait entendre qu'elle pouvait être psychologiquement dans un paradoxe, envie et en même temps peur, d'où sa venue.

Gloria est dans un parcours de vie où elle est seule, elle n'a pas rencontré de compagnon, pour vivre avec elle le quotidien. Elle n'a rencontré que des hommes qui n'étaient pas fiables, immatures ou machos.

Le parcours qu'elle fera, dans sa démarche pour comprendre ce qu'elle vivait et le fait d'être différente, va l'amener dans un regard d'analyse et de compréhension de son système familial, pour sortir de son côté victime, voire d'être persécutée et de l'autre versant, son côté critique voire jugement.

Sa mère était une mère autoritaire, exigeante, castratrice et rejetante, ce qui la maintenait dans une certaine distance relationnelle pour s'en protéger, pour ne plus subir le côté de sa mère qui veut tout contrôler et diriger.

(Sa mère dans son enfance, avait un père alcoolique, autoritaire et violent, une mère soumise. Elle en avait subi les conséquences et s'était donnée pour ligne de conduite de ne pas subir l'homme comme sa mère, d'où sa posture actuelle, de prendre la posture inversée.
Son père bien sûr, dans une suite logique était soumis, gentil, mais inexistant, pas fiable voire manipulateur sur ses enfants pour retrouver un peu de pouvoir)

Elle a pu comprendre qu'elle ne pourrait pas faire changer ses parents, qu'elle devait faire avec ce qu'ils étaient.

Mais l'ancrage, qu'elle avait des relations humaines, était trop prégnant et elle avait besoin d'avoir un enfant pour lui faire vivre une autre vie que celle qu'elle avait vécue, réparer sa souffrance.

Sa difficulté avait été jusqu'à présent, de se faire confiance dans ses rapports humains, dans ses choix relationnels. Elle devait pacifier ses souffrances, être en paix, faire avec un contexte qui resterait corrosif, mais qu'elle ne subirait plus, ni vouloir faire de l'inverse.

Elle a pu déposer ses blessures, qu'elle ne pouvait pas faire entendre dans sa famille, ni auprès de ses amies, comme une forme de pudeur, voire de honte d'avoir des parents qui n'étaient pas des parents aimants.

Elle a pu pacifier sa souffrance en déposant par un acte symbolique, son mal-être, pour la première fois elle se sentait entendue et prise en compte, ce qui lui permettait de passer dans la place d'adulte et ainsi de pouvoir se prendre en compte elle-même, plus dans une réactivité émotionnelle.

Sa souffrance la maintenait dans une posture de petite-fille, son inconscient l'empêchait biologiquement d'avoir un enfant « *de tomber enceinte* ». Le chemin qu'elle a fait dans son histoire, lui a permis très rapidement de vivre une grossesse tellement attendue, mais dans une optique qui avait complètement changé.

Quelques années après, j'ai reçu une carte pour m'annoncer la naissance d'un petit garçon qui était accueilli par sa sœur aînée et ses deux parents.

Cette carte venait clôturer le parcours. Par cette missive, **Gloria** me donnait l'information qu'elle avait pacifié ses blessures et ses fantômes.

(Madame ***Hélia*** *vit dans une relation de couple homosexuelle et supporte le regard de jugement du voisinage. Le monde est cruel, tout ce qui sort de la norme devient dérangeant, insécurisant, d'où le rejet voire l'agressivité de certaines personnes, même de sa famille.*

Elle veut faire un enfant toute seule, elle a 36 ans.

Elle assume le fait d'être stigmatisée comme mère célibataire, fille mère.

Elle met une certaine énergie et détermination à s'en sortir toute seule, aidée par son amie, comme pour se prouver quelque chose)

Hélia vit en couple homosexuel, elle a trouvé un équilibre affectif, mais elle dit qu'il manque quelque chose dans sa vie, pour se sentir pleinement femme et être épanouie : être mère.

Son amie est d'accord pour l'aventure, pour l'accompagner dans ses démarches qu'elles ont déjà commencées en Belgique, pour faire une FIV avec un donneur anonyme.

Sa demande était de l'aider dans les questions que cela allait lui faire poser, tant sur un plan moral, que sur le plan relationnel avec son enfant à venir et l'environnement familial.

Les questions qui déjà se posaient, tournaient autour de la relation avec l'enfant, si c'était une fille.

Hélia avait vécu des attouchements, d'un oncle du côté de sa mère. Elle restait depuis très suspicieuse vis-à-vis des hommes dans leurs relations avec les enfants. Pour elle son choix était fait, elle avait clos le débat, d'où sa décision d'avoir un enfant de cette façon.

La recherche d'informations concernant ce qu'avaient vécu ses parents lui a permis de comprendre l'héritage, de mieux accepter que ses parents aient fait ou pas fait, l'impasse de ses souffrances quand elle en avait fait état.

Elle a su que sa mère avait subi l'inceste, ce qui venait d'une certaine façon valider le fait que sa mère soit très dépressive, avec parfois des sautes d'humeur.

Son père, lui, avait été soumis à l'autoritarisme de son propre père, avec une mère dépressive, ce qui validait son côté en retrait et souvent absent.

Hélia prenait la mesure des conséquences du passé sur ses parents et bien sûr sur elle, de mieux comprendre d'où venaient ses angoisses et son besoin disproportionné d'être rassurée.

Elle avait aussi besoin de comprendre, pourquoi elle passait par une posture, même dans son couple : de petite mère, de cosette, voire de héros, de tout contrôler, de vouloir tout gérer pour se rassurer, postures qu'elle prenait dans les phases dépressives de sa mère.

Nous retrouvons les paramètres communs à beaucoup de situation, notamment :

La peur d'être jugée, conséquence des blessures d'agressions, voire de tous dysfonctionnements du parent qui mettent l'enfant dans l'obligation de devenir coupable pour ne pas accuser son parent.

La honte de ce vécu, comme si l'enfant avait été coupable de ce qu'il a subi, peut amener la personne à devenir paranoïaque.

La peur du regard de l'autre.

De porter cette différence en stigmatisant comme un bien précieux, porter sa croix, cela légitime tout le parcours.

De devenir le héros, ce qui permet de ne rien demander, de faire tout seul, voire de se plaindre que l'on est tout seul.

Deux autres situations qui pourront nous montrer comment, le besoin (et non pas l'envie) d'avoir un enfant est plus fort que tout, quand pour l'histoire familiale il y a comme un impératif, comme un besoin vital.

La différence qu'il est peut-être nécessaire de ramener entre **Envie** et **Besoin**.

Envie : En Vie, la personne est déjà en vie, ce qu'elle envisage de faire, est un plus.

Besoin : comme respirer, boire, manger, il y a dans ce que la personne envisage de faire, un besoin vital.

La personne qui a besoin d'avoir un enfant, parle sans le savoir du besoin de son système familial, la blessure d'une mère qui a perdu un enfant et qu'il faut réparer en lui en donnant un autre. C'est une façon de nier la mort, de faire comme si rien ne s'était passé, résonance qui peut migrer sur plusieurs générations.

La situation suivante, c'est une femme qui vit en couple homosexuel, elle a trouvé un équilibre affectif, mais elle dit qu'il lui manque quelque chose dans sa vie, pour se sentir pleinement femme et être épanouie, être mère.

Son amie est d'accord pour l'aventure, pour l'accompagner dans cette démarche.

(Les interrogations et les découvertes de l'histoire familiale de cette jeune femme, ont permis d'apprendre, le pourquoi de ce besoin impérieux.

Dans sa lignée maternelle, il y a eu une arrière-arrière-grand-mère qui a subi un viol, duquel est né un enfant, elle n'a pas pu le garder, il lui renvoyait ce qu'elle avait vécu, elle l'a tué.

Cet événement est resté marqué, comme au fer rouge, honte et culpabilité.

Dans l'histoire familiale, elle était dans cette lignée de femmes qui avaient tout fait pour laver cette faute.

L'héritage de ce devoir de réparation était toujours actif pour elle, dans une double contrainte, être mère et être coupable de l'être.

Elle avait hérité de la peur d'être une mauvaise mère, du besoin d'être mère pour réparer la culpabilité de cet ancêtre.

Être mère, c'était prendre le risque de montrer son incompétence, de devenir une mauvaise mère et d'être jugée par la société.

De la peur des hommes et du besoin d'en avoir un pour devenir mère, elle ne voulait pas passer par un donneur anonyme, par crainte d'un héritage caché. Elle avait besoin de voir la personne, de la regarder dans les yeux et de voir moralement si elle était digne de confiance)

Une certaine ressemblance avec la situation antérieure, les variantes les plus importantes sont autour de la façon de concevoir cet enfant.

Cette femme qui a ce besoin de faire un enfant, a besoin de connaître le géniteur, mais ne veut pas avoir de rapports sexuels avec lui.

Avec son amie, elles ont cherché dans leurs relations un homme, qui voudrait bien avoir des relations sexuelles avec elle, pour lui permettre d'avoir un enfant, sans s'impliquer sentimentalement.

Elle a trouvé un homme, dans un couple homosexuel, qui a la nostalgie d'avoir un enfant, mais qui ne se sent pas la possibilité d'assumer son rôle de père, donc tout va bien.

Cette relation qui s'est mise en place, a trouvé une faille dans la relation de ces deux couples : pour eux, le besoin de se rencontrer dans un but précis. Cela enlevait toutes démarches d'envie de plaisir, donc pour elle de la difficulté à recevoir, à s'ouvrir. Elle était trop dans son mental, pas assez dans son ressenti, mais plutôt dans une figure imposée.

Pour ceux qui restaient à côté, la jalousie, ils étaient exclus de cette relation.

Devant la difficulté que cette situation leur proposait, ils décidèrent de faire, dans un commun accord, par insémination artificielle avec leur ami comme donneur.

Ce qui fut fait dans un pays limitrophe, car impossible en France.

Cet exemple vient dans la continuité, mettre en évidence l'impact des blessures non résolues et des secrets familiaux sur la vision du monde de toutes les personnes et surtout sur leurs comportements.

Nous pouvons voir comment le besoin impérieux de certaines personnes, de faire ce qui leur semble juste, sans avoir la possibilité d'un regard critique sur leurs actions, peut amener à des dysfonctionnements pathologiques.

Certains peuvent, ce qui a été le cas dans les exemples proposés, prendre conscience de leurs difficultés à gérer les événements, quelque chose qui leur échappe, une non maîtrise des situations qu'ils avaient initiées, parfois trop de souffrances et ce mal-être va être un levier pour acter la différence, s'obliger à avoir recours à un tiers.

Dans certaines situations le conflit de loyauté est trop fort. Ils ont le choix entre obéir à la mission d'héritage (*émergence de la souffrance*) et obéir à la vie que le parent a transmise (*la personne tombe malade, en dépression ou maladie grave*).

3°. Le besoin de la femme accepté par l'homme.
(elle trouve un homme qui accepte ce rôle de père)

Rôle de mère :

Cette situation met une femme de 35 ans, dans sa fonction mère.
Elle rencontre un homme, elle a 27 ans, ils se marient et deux ans après, ils auront un fils.
Le divorce survient peu de temps après. Dans ce qu'elle me raconte, son mari, le père n'était pas attentionné vis-à-vis de son enfant.
Pour elle, ce n'était pas entendable, d'où le divorce.

(Dans son histoire, sa mère était plutôt absente, il y avait une reproduction avec cet homme.
Nous pourrions dire que son inconscient avait justement choisi cet homme, pour lui permettre de le rejeter et de faire tout, toute seule, montrer qu'elle était à la hauteur comme mère.

Son père était comme un dieu, omniprésent, omnipotent, par la même occasion elle remettait en cause aussi l'image de son père.

Ce qui faisait problème, c'est que cette analyse était pour elle complètement inconsciente.

Elle se débattait dans sa fonction mère sans pouvoir y arriver. Elle essayait de mener sa vie de femme et professionnelle en même temps.

Elle se faisait critiquer par sa mère, car elle lui laissait son enfant. C'est comme une façon de lui dire que même si elle l'avait critiquée, elle n'était pas mieux et qu'elle attendait de l'amour de cette mère.

Elle subissait aussi le père de son enfant, qui avait rencontré une autre femme et qui privilégiait les enfants de cette femme au détriment de son fils. Elle avait fait un signalement auprès du juge, pour abandon et maltraitance psychologique vis-à-vis de son fils de la part du père de son enfant et de sa nouvelle épouse.

C'était comme une façon de vivre à travers son fils, l'abandon et cette forme de maltraitance de son enfance, et de tout faire pour réparer son histoire ! Le fils inconsciemment servait de support, d'exutoire à la blessure de sa mère.

Tout son univers s'écroulait, en parallèle, elle avait tout misé sur sa réussite sociale, dans l'optique de la vision de son père. C'était une façon de se trouver légitime pour laisser son enfant à sa mère et même là, la réussite n'était pas au rendez-vous.

Elle avait besoin de faire le chemin de démystifier ses deux parents « le ciel, la terre et l'enfer » de les remettre sur un niveau d'être humain, avec des qualités qu'elle avait héritées et malheureusement aussi les dysfonctionnements issus de leurs blessures, qu'elle avait également subies)

Elle se retrouvait dans un paradoxe, le besoin d'être une bonne mère, tout en se mettant en échec ; elle laissait le pouvoir à sa mère.

Elle avait besoin d'être admirée par son père, seul parent qui lui avait donné une certaine reconnaissance grâce à ses réussites scolaires et maintenant professionnelles.
Elle ne pouvait qu'échouer dans tous ses rôles et fonctions pour légitimer le système, elle laissait le pouvoir à ses parents.

Nous pouvons percevoir dans cette situation comment pour la mère ce qu'il a vécu dans sa prime enfance, à côté de la personnalité de ses deux parents, a fortement conditionné sa personnalité et ses comportements, ses choix de vie et ses rencontres.

Ce <u>rôle de mère</u> nous le retrouvons dans une nouvelle situation. Une femme de 40 ans vient me voir pour faire le point sur sa vie, elle se trouve à devoir choisir sur tous les domaines tant qu'affectif, personnel et professionnel.

Cette femme que nous appellerons **Ivette** est une business-women, carriériste, son ascension dans son entreprise lui donne la possibilité d'une promotion mais pour cela elle doit partir dans une autre ville, d'où ses interrogations.

(Elle vient d'une famille où les hommes étaient machos et violents. Depuis trois générations, la tendance s'est inversée, ce sont les femmes qui dirigent, qui tiennent le haut du pavé.

Elle avait croisé dans sa vie de femme, des machos et des hommes castrés « gentils », elle s'était mariée avec un très gentil « sans consistance » et avait divorcé à la naissance de son deuxième enfant, l'aîné avait 2 ans, « nous retrouvons dans cette situation le pouvoir occulte des cycles » âge que ***Ivette*** *avait à la séparation de ses parents)*

Elle a deux fils, son aîné a 11 ans, il va rentrer au collège, un passage important pour un enfant.

(Le changement que son fils va vivre, ce départ vers le monde des grands, donne à ***Ivette*** *le sentiment de perte, elle revit tous les changements qu'elle n'a pas initiés comme un abandon, une perte, d'où une déstabilisation)*

Dans sa vie affective elle venait depuis 2 ans de se mettre en couple et de construire une maison.

(Nous retrouvons, le cycle de 2 ans, mais en plus la peur de se stabiliser dans une vie affective, de se sentir renfermée dans le pouvoir de l'autre, l'autre étant un homme et dans une vie trop conventionnelle. La maison venait renforcer ce thème d'enfermement, la maison égale le souvenir de son enfance)

Son ami était commerçant, très implanté dans la vie sociale de la région et il n'envisageait pas de la quitter.

(Elle avait rencontré un homme qui pouvait lui donner une image différente de ce qu'elle connaissait, voire macho ou castré, il lui prenait sa place. Il la confirmait en étant ferme dans ses prises de décisions.

Pour elle, c'était un grand changement qui la déroutait : envie et peur à la fois)

Sa mère est très présente dans sa vie, une relation très fusionnelle, voire symbiotique.

(Elle se sent coupable d'avoir cette proposition de travail qui l'obligerait à partir, car elle laisserait sa mère dans un mal-être. Elle en parle avec de la culpabilité, elle prend la mesure de la dépendance que ce lien à sa mère lui impose, le vécu de sa mère est émaillé de rupture et d'abandon, d'où ce besoin vital de cette mère qui se raccroche à son seul enfant ***Ivette****)*

Ivette prend la mesure de ce qui se joue dans sa vie, elle comprend pourquoi elle s'était sentie perdue à l'annonce de cette promotion qui venait bouleverser et remettre en cause toute une vision du monde, des certitudes, ce qui était le support de sa vie, qui avait donné du sens à ses actions et surtout lui avait permis de mettre sa souffrance de côté pour rester dans ce rôle de héros pour sa mère.

Dans cette prise de conscience, elle a pu se repositionner autrement, inventer une autre façon de vivre avec des valeurs humaines qui prenaient en compte toute la palette émotionnelle et tous les sentiments.

(L'analyse de cette situation, peut nous donner une autre façon de décoder les événements que nous vivons, voire que nous subissons. Pour cette femme ce qui était une bonne nouvelle, l'a amenée à déstabiliser toute une construction du monde, de son monde. Sans cet événement, elle n'aurait pas pu faire évoluer son héritage familial, elle serait restée dans la continuité d'une souffrance qui, malheureusement, servait de ciment aux relations humaines et de vecteur aux actions menées.

Comme quoi, ce qui est positif peut avoir des conséquences négatives et inversement. Le constat à faire, c'est que toutes nouvelles situations entraînent une obligation ou une possibilité, voire opportunité que l'on peut se donner pour se repositionner consciemment et ne pas subir).

<u>Rôle de maman poule :</u>

Dans cette situation, c'est une maman de trois enfants (6, 4 et 1 an) qui a arrêté de travailler pour s'en occuper.

Sa problématique, difficulté de couple qui fait depuis la naissance du troisième, conflit dans leur quotidien. Elle vient pour comprendre et trouver des explications pour qu'elle puisse légitimer son comportement et valider sa croyance que son mari se trompe.

Ce que son mari n'accepte plus, d'où le conflit, c'est les enfants qui sont dans une difficulté à dormir, ils sont dans les pleurs, font des cauchemars. Pour avoir la paix et être rassurée, elle laisse ses enfants dormir avec elle dans son lit, le mari est relégué dans une autre chambre.

Il n'avait pas le droit à la parole, jusqu'à présent. Depuis la naissance du troisième, il s'autorise à dire son désaccord, d'où le conflit.

(Dans l'histoire de cette femme, il y a eu une mère abandonnique. Elle était dans un rôle de bonne maman pour réparer ; elle ne pouvait pas laisser ses enfants dans les pleurs sans se sentir être une mauvaise mère, avoir le sentiment de les abandonner, être coupable de reproduire ce que sa mère lui avait fait subir, d'où la mise des enfants dans son lit.

Elle ne pouvait pas accepter de partager sa fonction maman, elle avait besoin d'être la seule à porter cette mission, elle avait choisi pour l'accompagner dans ce rôle, un homme qui lui, avait été dans l'inverse, étouffé « castré » par sa mère « maman poule »

Lui, il y a trouvé son compte, car en retrouvant la même mère que la sienne, il a pu dans un premier temps vivre la « lune de miel », être l'enfant unique, il était dans du connu, « elle se faisait la main, déjà dans son rôle ». L'arrivée du premier enfant lui a permis de se protéger en prenant de la distance pour ne plus subir cet étouffement, ni se vivre comme une bouée de sauvetage, ni être un besoin pour rassurer la mère, ni être un individu, mais un objet.

Son enfant lui servait de protection, il ne voyait pas qu'il lui faisait vivre ce qu'il avait lui-même vécu.

Elle était enfin dans sa fonction, complètement légitime, avec toujours en arrière plan, son angoisse qu'il arrive quelque chose à ses enfants, d'où cette non-acceptation de négocier autre chose.

Ce qui avait bousculé cet équilibre familial, permettant au mari de réagir et l'obligeant à sortir de sa soumission, c'était l'arrivée de ce troisième enfant, sa place dans la fratrie. Ce qu'il avait accepté jusqu'à présent devenait inacceptable, d'où la réaction violente, il était en prise directe avec son émotionnel.

La réflexion n'avait pas de place. Quelque chose d'impérieux le poussait pour faire arrêter cette relation, son inconscient lui renvoyait des sentiments qu'il avait enfouis et qu'il projetait sur sa femme. Il se voyait dans la soumission, à subir la névrose de sa mère, il renvoyait sa souffrance par le vecteur de sa colère, ce qu'il n'avait pas pu faire avec sa mère.

Elle ne pouvait pas comprendre ce qui arrivait, ce qui était accepté depuis 6 ans sans rien dire, où le visible était qu'il était en accord avec ce fait et venait d'un seul coup se remettre en cause, pour elle cela renforçait la légitimité de ses actes)

Le chemin de ce couple a été assez long, car ils avaient besoin d'accepter de remettre en cause leur vision du monde et les conséquences sur l'équilibre qu'ils avaient trouvé jusque-là et qui masquait leur souffrance.

La partie non visible de cet iceberg, est que les enfants dans leur inconscient aidaient leurs parents en montrant leurs angoisses.

Le rôle de maman poule et ses conséquences :

Dans l'exemple qui va suivre, comment percevoir, comprendre, ce qui se joue au niveau de l'inconscient des gens et de la transmission de pensée, d'un individu à l'autre, d'une mère à son enfant.

Une femme, jeune maman d'une petite fille de deux mois et demi, vient me demander comment faire avec son enfant qui n'accepte pas de dormir si elle n'est pas à côté de son lit.

Elle me dit dans la continuité, que la grossesse et l'accouchement se sont bien passés. Sa fille est en parfaite santé, mais elle ne veut pas se calmer, que si sa maman est à côté de son lit, et elle n'accepte pas son père, il faut la présence de sa mère pour qu'elle se calme.

Cette maman me dit qu'elle n'en peut plus, qu'elle est épuisée et qu'elle vient demander de l'aide, comprendre ce qui se passe, elle se sent impuissante.

En écoutant la détresse de cette mère, face à la souffrance de sa fille et son impossibilité à la sécuriser autrement, je lui ai demandé si, dans la fratrie de sa mère ou de sa grand-mère, il n'y avait pas un enfant décédé de la mort subite du nourrisson.

Ce qu'elle me confirme, sa grand-mère avait un petit frère qui était décédé de la mort subite du nourrisson, c'était son arrière-grand-mère qui avait perdu son enfant.

Ce qui était évident, c'est que la souffrance et la culpabilité de cette mère « *qui avait dû se dire, j'aurai dû être là* » qui s'étaient inscrites dans la mémoire du clan, de la lignée féminine. L'inconscient de cette mère avait envoyé à son enfant ce message de la maintenir en alerte pour éviter une reproduction de ce grand malheur.

Sans trop rentrer dans les explications du pourquoi son enfant était dans ce besoin, je donnai à cette mère un conseil, ce qu'elle était venue chercher :

Je lui ai dit, de coucher son enfant le soir en gardant les habitudes du rituel, ce qui est important autant pour la mère que pour l'enfant et de dire à son enfant, qu'elle n'était plus obligée de pleurer pour que sa maman vienne voir si elle était vivante, qu'elle savait que sa fille était en bonne santé, qu'elle pouvait dormir tranquille dans son lit et elle, dans le sien, qu'il n'y avait plus de problème.

Cette maman m'a regardé un peu sceptique, elle me demande si cela allait suffire, je lui dis oui !

Devant mon assurance, elle s'en va, apparemment pour mettre à exécution, les conseils que je lui avais donnés.

Je n'ai su que quelques jours plus tard, les conséquences de ces conseils.

Elle a tenu à me remercier, car comme par magie, après le coucher avec le rituel, son enfant n'avait jamais plus pleuré, ni manifesté son mal-être. Encore un peu surprise mais rassurée, elle retrouvait une image de bonne mère, son angoisse n'était plus inconsciemment le vecteur de stress que sa fille subissait, tout rentrait dans l'ordre.

Comme quoi, expliquer, dire dans les détails, n'est pas toujours la solution, voire aurait pu faire l'effet inverse si j'avais dit à cette mère que c'était elle qui angoissait son enfant.

Cette histoire montre le pouvoir de la transmission des émotions. Nous émettons tout autour de nous comme une couronne, comme un poêle qui dispense tout autour de lui le rayonnement de sa chaleur, l'être vivant dispense son propre rayonnement. Cette énergie est positive dans le meilleur des cas, mais peut aussi transmettre toute la souffrance de la personne. Dans l'exemple, l'angoisse de cette maman imprégnait cette petite fille, qui était trop jeune pour s'en protéger.

Elle répondait à cette angoisse qu'elle recevait comme une agression, insécurité, par une manifestation d'inconfort, les pleurs.

La mère quand elle restait à côté du lit, inconsciemment était rassurée, son angoisse se dissipait, sa fille retrouvait le calme, la quiétude.

La dualité, dans un paradoxe, de cette mère, calmer son enfant et calmer son angoisse, était la clef de voûte de la situation de stress de cette enfant.

Le rôle de maman poule et ses conséquences sur les enfants

« *Pour un enfant, avoir une maman poule, cela peut le mettre en danger, l'importance de l'investissement de cette mère peut induire chez l'enfant une forme de réponse physique. Nous avons vu dans l'exemple précédent, comment l'enfant mettait à sa façon le signal d'alarme, par ses pleurs, malheureusement toujours à son détriment si le parent concerné ne comprend pas le message* »

Dans l'exemple proposé, un couple avec deux enfants, le deuxième fils a un eczéma important sur tout le corps. Pour comprendre le sens de ce message, nous sommes remontés dans la filiation de la mère, madame **Aude**.

La grand-mère de cet enfant était jumelle, c'était elle qui avait servi à sa mère de proximité affective, elle était moins forte, moins vive, plus maladive que l'autre jumelle « *qui elle était plus autonome* » ; elle permettait ainsi à sa mère de s'occuper d'elle par ses problèmes de santé. Elle avait malheureusement toujours un manque affectif, on ne la voyait pas pour ce qu'elle était.

Cette grand-mère avait eu un premier enfant qui était décédé à la naissance, elle avait sombré dans un état de dépression grave, souffrance sûrement aggravée par le manque affectif de son enfance « *il y avait déjà un terrain amendé de ce manque* ».

Les médicaments ne produisaient pas de mieux, aussi on conseilla au couple de faire un deuxième enfant pour redonner le goût de vivre à la mère, **Aude** était cet enfant.

Arrivée deux ans après dans ce contexte particulier, elle fut investie, comme une bouée de sauvetage, comme un médicament pour aider sa mère à survivre.

Aude avait choisi « *dans son inconscient* » un mari plutôt absent, ce qui paraît logique vu l'histoire de cette femme. Son premier enfant était aussi un fils, il a eu la place de l'enfant décédé et elle l'a surinvesti dans une logique de réparation de la souffrance de sa mère.

Pour son second fils, le scénario était un peu plus complexe, il avait la place de sa mère, le second, mais aussi l'héritage que sa mère avait vécu, d'avoir été étouffée.

La grand-mère avait un scénario particulier, sûrement lui aussi, lié à son héritage, de permettre le lien de proximité par le soin, donc avec une certaine distance.

Cet enfant était dans un paradoxe : par son eczéma, il permettait à sa mère d'être une bonne mère dans la continuité de la grand-mère, être dans le soin. Il permettait aussi à sa mère de garder une certaine distance, la proximité étant une source d'angoisse.

« *Nous devons nous interroger sur les maladies dites opportunistes qui viennent prendre une place stratégique dans des moments clés de notre vie, mais surtout pour les enfants qui sont encore très malléables et que nous pourrions plus facilement déprogrammer de ce genre d'héritage* »

Le rôle de mauvaise mère :

« *Nous arrivons avec ce thème, à une vision de la mère qui est négative. Dans notre société c'est toujours une difficulté à concevoir qu'une mère puisse être négative.*

Ce n'est pas la mère qui est négative et qui dysfonctionne mais la personne qui a cette fonction et qui a suffisamment de blessures pour ne pas voir les conséquences de ses actes sur ses enfants ».

Nous sommes dans une famille type : une mère de famille et un père qui travaille comme artisan menuisier avec plusieurs ouvriers ; il est bien intégré dans le tissu social de sa commune.

Elle a choisi d'arrêter de travailler pour élever son premier enfant, « *l'aîné est une fille actuellement de 3 ans* ». Elle était employée comme secrétaire dans une fabrique de meubles ; « *c'était là que le couple s'était connu ; lui depuis, avait pris le risque de devenir patron* ». Elle était encore dans son congé maternité quand elle est tombée enceinte pour la deuxième fois, « *le second est un garçon aujourd'hui de 1 an* ».

Cette femme, à ce moment-là, a comme perdu tout sens de la mesure, alors que pour son premier enfant, elle avait pris un congé maternité. Là, elle s'est mise à fond dans le travail trois semaines après son accouchement et elle s'est complètement désinvestie de son rôle de mère, son enfant était comme abandonné. Elle était là le soir, comme une ado, dans son monde, déconnectée de la réalité.

Dans la pression et l'urgence du quotidien, le père qui ne pouvait plus faire face à tout, avait mis sa fille chez une nounou. Il la reprenait le week-end, dans la journée elle allait à la maternelle. Le fils a été mis dans une famille d'accueil, un placement volontaire par le père qui a trouvé cette solution pour pallier l'absence de sa femme en espérant qu'elle puisse reprendre sa place ; il gardait l'espoir.

Je reçois ce couple à ce moment-là, ils venaient « *elle était plus ou moins contrainte, pas dans la demande, comme si elle n'était pas concernée* » sur sa demande à lui. Il se donnait cette dernière possibilité pour voir si elle allait reprendre sa place, comprendre aussi ce qui s'était passé. Pour lui, il envisageait le divorce, il avait atteint sa limite.

Nous pouvons voir en rentrant dans son histoire, pour comprendre le déclencheur et son changement radical, qu'elle était la seconde dans sa fratrie et qu'il y avait une petite sœur après elle.

Le reste ne pourrait être que supposition car elle n'est pas revenue, elle a coupé, elle était apparemment trop loin dans son mal-être.

Le père a lancé une procédure de divorce et une demande de déchéance parentale de la mère.

Il est venu quelques séances par la suite pour être rassuré sur sa décision et conforté dans sa légitimité à être un bon père.

« Cette situation, qui m'a laissé avec un manque de réponses, peut nous rappeler que nous devons rester humbles devant la complexité des situations des êtres humains et comment un événement anodin pour la majorité des gens, peut pour une personne être un déclencheur puissant, au point de faire basculer toute une vie »

« Il est difficile, voire impossible de rejoindre quelqu'un qui est encore dans une image sociale apparemment cohérente et qui n'est pas dans une demande d'aide »

Dans cette situation nous allons aborder la conséquence de ce rôle de mauvaise mère sur les enfants et la descendance :

C'est le parcours d'une femme **Joëlle**, qui se retrouve dans un rôle de mère, en bute avec le géniteur (père) de sa fille.

Joëlle vient au monde par une maman fille mère, qui va l'abandonner très rapidement. Elle se retrouve dans une pouponnière. Elle devient adoptable, ce qui se fera assez rapidement. Elle aura 18 mois quand elle sera adoptée par un couple sans enfant.

Nous pourrions dire que pour **Joëlle**, la vie se retrouvait plus positive, qu'elle aurait pu se poser et trouver de la paix, ce ne fut pas le cas.

Ce couple était dans une crise avant l'adoption, leur difficulté, voire l'impossibilité d'avoir un enfant normalement, les avait laissés fragilisés.

L'arrivée de **Joëlle** les mettait devant cet échec, ce qui après les premières semaines de « *lune de miel* », comme un jouet attendu, le couple s'est servi de l'enfant pour se manipuler. **Joëlle** fut prise en otage par la mère, qui avait un comportement de petite fille manipulatrice, contre le père qui se retrouvait comme castré par la présence de l'enfant.

Pour le père, ce n'était pas sa fille biologique, constat d'impuissance, d'échec et **Joëlle** se retrouvait entre lui et sa femme. Il perdait sur les deux tableaux. Pour conserver l'amour de sa femme, il a retourné la frustration et la perte d'estime qu'il vivait dans de la colère et de la violence sur son enfant, la mère était témoin de son dysfonctionnement sans réagir.

Cette place entre les deux protagonistes dura quelques années, le couple trouva une solution pour enlever ce qui faisait conflit et retrouver l'équilibre d'avant, ils la mirent à la DASS sur les conseils des services sociaux, elle avait 8 ans, dans un placement volontaire en disant qu'ils étaient en difficultés et qu'ils ne pouvaient plus faire face à ses comportements.

Joëlle apprit très vite à faire sans ses parents, elle se mit un point d'honneur à se sortir toute seule des événements de la vie, à ne compter que sur elle-même.

Elle se donna la mission de réussir dans la société d'import-export qui l'employait en prenant une place de responsable d'équipe, une façon de prendre sa revanche, toujours avec l'espoir de reconquérir l'amour de ses parents, tout en s'en défendant.

Dans son ascension professionnelle, elle rencontra plusieurs hommes « *qui étaient comme elle dans la même quête de reconnaissance et d'attente de prendre une place de responsabilité* » avec qui elle eut une aventure sans s'engager, sauf un avec qui elle baissa sa garde, elle retrouva cette attente du prince charmant, rêve de toutes les jeunes filles.

Elle avait alors 30 ans, ils se voyaient au travail et ponctuellement chez elle.

Lui restait extérieur, il ne s'investissait pas, que pour des moments de plaisir, elle accepta cette forme de lien, réminiscence de ce qu'elle avait vécu dans son enfance, elle se retrouvait à être le jouet pour l'autre.

Elle se retrouva enceinte, et l'homme refusa de prendre sa place de père, il voulait qu'elle fasse un IVG. Pour elle, il y avait trop de parallèles avec son histoire, elle ne pouvait pas symboliquement abandonner son enfant comme sa génitrice l'avait fait, elle mit beaucoup d'énergie pour obliger le géniteur à reconnaître cette enfant, ce qu'il fit.

Mais très vite après la naissance, il coupa avec elle, ne voulant plus entendre parler ni d'elle, ni de l'enfant.

Cette situation perdura pendant quelques années, sa fille avait 4 ans quand elle rencontra un autre homme, il eut très vite une forme de complicité avec la petite qui bien sûr répondit à sa demande.

Tout aurait pu se stabiliser et ils auraient pu enfin vivre dans une forme de normalité, mais l'ex, le père sachant qu'elle avait quelqu'un vient demander de prendre sa fille alors qu'il ne l'a jamais investie.

Joëlle vint me voir à ce moment-là, elle avait besoin d'aide pour gérer toutes ses informations qui venaient bousculer son univers, alors qu'elle pouvait entrevoir comme une forme de récompense vue les efforts qu'elle avait produits jusqu'à présent.

Elle dut prendre un avocat pour se défendre et protéger son enfant de cette forme de rapt que son ex voulait faire. Ce qui était peut-être le plus difficile à vivre, c'est quand elle a su que sa mère avait fait du lien avec son ex et qu'elle l'accusait d'être une mauvaise mère.

Ce que nous pouvons comprendre de ce vécu, c'est que la souffrance de certaines personnes peut amener à poser des actes inacceptables, comme dans une entreprise de démolitions, comme s'il n'y avait pas d'humanité, pas de différenciation de ses émotions, le vécu de cette mère et de cette grand-mère, reste inconnu et **Joëlle** n'y avait pas accès.

Elle dut se défendre avec beaucoup d'énergie pour faire face à autant de manipulations et pouvoir se faire entendre par un juge qui a pu ramener la loi et reconnaître son bon droit.

Joëlle a eu beaucoup de mérite pour faire face à toutes ces épreuves, ce qu'elle avait vécu dans sa prime enfance lui avait donné cette détermination et surtout, ce qui avait été moteur pour elle, c'était de permettre à sa fille de ne pas tomber dans ce genre de dysfonctionnement d'adultes et de ne pas être un jouet que l'on prend et que l'on jette.

À travers toutes ses souffrances, elle a pu me dire qu'elle regardait les gens différemment et qu'elle se sentait plus affirmée dans son identité, plus mature dans ses sentiments et comme une revanche sur son passé, la loi lui donnait la reconnaissance d'être une bonne mère, enfin reconnue.

<u>Rôle de mère abandonnique</u> : « *et les conséquences* »

« *Cette problématique, met en exergue une mère qui par définition est une mauvaise mère, mais qui en plus va abandonner son enfant* »

C'est l'histoire d'une femme qui se marie, bien sûr avec un homme, mais cet homme arrive, lui d'une famille où il a été castré, avec un manque de personnalité et l'alcool était la solution pour fuir l'image négative qu'il avait de lui.

Donc cette femme peut rechercher plus facilement dans des rencontres ponctuelles, des aventures d'où sont conçues des enfants « *relations extraconjugales* », devant cette famille hors norme, les services sociaux viennent retirer les enfants et leur retirer leur droit parental sur les deux plus jeunes.

La femme qui est venue consulter est issue d'une de ces relations extraconjugales, en remontant dans son histoire, elle a su qu'elle avait été retirée de cette famille quand elle avait quelques mois, elle était la plus jeune et la dernière quand elle a été placée et mise à l'adoption.

Elle a pu apprendre en demandant son dossier d'adoption que sa mère venait d'une famille où il y avait plusieurs enfants décédés très jeunes « *ce qui peut donner un sens à ces grossesses particulières, elle recherchait symboliquement à remplacer les personnages absents* ».

Elle fut donc adoptée, mais avant cela elle fut mise dans une famille d'accueil, quelque mois après son arrivée dans cette famille, une autre fille était accueille, mais elle, a été très rapidement adoptée, elle a vécu à ce moment-là une frustration, une injustice qui dura quinze années avant qu'elle soit, elle aussi, réellement adoptée par cette même famille.

Elle a vécu (donc revécu) pendant toute son enfance, le fait d'être laissée pour compte, pas digne d'être aimée, symboliquement rejetée.

Ce sentiment resta tout le long de son parcours d'ado et après d'adulte, comme une plaie béante. L'adoption qui aurait pu arrêter le dysfonctionnement des adultes et permettre à cette enfant de pacifier son sentiment de rejet, de pouvoir enfin se poser et vivre plus facilement, malheureusement ne put se faire.

Arrivée à l'âge adulte, elle se mit en quête de rencontrer l'âme sœur, comme toutes les filles de son âge, mais avec en plus un besoin, pourrait-on dire viscéral, de se faire aimer.

Elle crut rencontrer cet homme dans un personnage haut en couleurs, qui se faisait remarquer dans une profession d'animateur, complètement tourné vers les autres, dans un besoin narcissique d'être admiré.

Dans un premier temps le couple fut dans un équilibre sur une complémentarité, elle avait appris à être dans l'ombre, à côté de, à essayer de se faire aimer en donnant beaucoup de pouvoir à l'autre, il attendait d'être admiré et il avait ce regard d'admiration dans son couple.

L'arrivée d'un enfant dans cet équilibre précaire, ramène une réalité à cette maman qui retrouve de la lucidité, comme après un long sommeil. Elle prend la mesure de ce qu'elle vit et comment elle était encore manipulée et niée.

Cette prise de conscience lui permet de ne plus accepter l'inacceptable, d'être transparente pour les autres et également pour elle-même, elle se redonnait le droit de prendre sa place sans attendre une permission.

Son compagnon, trop piégé par son héritage, ne put faire cette conversion, ils décidèrent de se séparer en gardant ce qui avait été positif dans leur parcours, leur enfant en était la démonstration.

« Là aussi nous pouvons voir les conséquences de la souffrance d'adultes parents et les effets sur leurs enfants, le parcours qu'ils auront dans leurs choix relationnels et parfois se retrouveront manipulé par d'autres adultes qui répondront inconsciemment à des stimuli ».

Cet exemple dans la continuité de ce thème, met en relation une femme de 51 ans que je reçois dans une demande de compréhension vis-à-vis d'événements qu'elle est entrain de vivre, plus de subir.

Elle est dans une relation amicale avec un couple plus âgé depuis quelques années, ils ont l'âge de ses parents, vers 85 ans, elle leur rend des menus services et elle y trouve une maison accueillante, ce qui lui manque.

Ils viennent de l'accuser de les avoir volés, pour elle c'est le ciel qui lui tombe sur la tête, elle ne comprend pas leur attitude accusatrice et sa réaction émotionnelle.

Cette accusation arrive dans sa vie alors qu'elle est seule.

En reprenant le fil de son histoire, elle me raconte, qu'elle a été mise chez une nourrice pendant toute la période de sa petite enfance, de 0 à 6 ans. Ses parents l'ont reprise à ce moment-là, elle est revenue dans une maison qu'elle ne connaissait pas, avec des gens qu'elle n'avait vus que quelques fois. Pour elle sa mère, c'était sa nounou, elle avait vécu cette séparation dans un déchirement, de l'injustice.

Ses parents n'ont pas voulu entretenir de lien avec cette nourrice, qu'elle n'a jamais plus revue. Elle a grandi. Devenue adulte quand elle s'est sentie disponible et suffisamment mature pour aller se confronter à son passé et y retrouver cette nounou, elle était décédée, elle s'est sentie coupable de ne pas avoir décidé plus tôt de la retrouver. Ce souvenir lui est resté encore aujourd'hui comme une plaie béante.

Ses parents quatre ans après sa naissance, ont eu un autre enfant, un petit garçon qui est décédé à la naissance.

Cette absence, ce manque de ce fils était plus important pour les parents que sa présence. Elle a vécu toute son enfance et adolescence « *quand elle est venue vivre le quotidien chez ses parents* » avec ce fantôme, le mythe du fils prodigue et de l'absent.

Elle en a tiré la conclusion que c'était toujours celui qui est loin qui a raison et elle n'était pas importante, d'où, il faut rentrer dans l'attendu de l'autre pour espérer être aimée.

Elle va tomber amoureuse d'un homme marié, leur rencontre s'inscrit pour elle dans la possibilité d'être à côté d'un couple et d'être dans le désir de l'autre, au service de, comme un objet, elle se retrouvait comme dans sa famille à côté de ses parents, manipulée par sa mère pour avoir un peu d'amour.

Elle est restée la maîtresse de cet homme pendant 15 ans, la rupture fut de son fait à lui, ce qui pour elle, amena un sentiment de vide qui l'a poussée à poser un acte suicidaire.

Le vécu pour elle dans la continuité de son histoire, était d'être une quantité négligeable que l'on peut jeter.

Ce qui se jouait pour elle actuellement, c'était l'accusation de ce couple qui pour elle était des amis. Leur accusation mensongère, venait faire l'effet d'une bombe, elle se sentait comme avant sa T.S. dans une fragilité et dans un possible passage à l'acte, d'où sa demande d'accompagnement.

« *Nous pouvons voir à nouveau comment l'empreinte de cette blessure d'enfant, fait toujours référence dans les comportements et dans les choix de cette personne, les rencontres sont conditionnées par la personnalité des gens rencontrés, il n'y a pas de place au hasard.* »

« *Devant ce genre de programmation, nous ne pouvons que prendre acte de notre capacité très réduite de poser une réflexion saine, dégagée de toute implication émotionnelle. Le pouvoir de cette femme fut de regarder autrement la résonance de cette accusation sur elle, ce qu'elle essayait de faire par son besoin de comprendre, c'était de ne pas rester dans le rôle de soumission et d'essayer de pacifier ses blessures.* »

« *Il faut parfois atteindre une limite, de souffrance inacceptable, pour rebondir dans une autre vision du monde, changer de point de vue. Ce seuil qui peut nous amener cette évolution, n'est pas toujours possible pour la personne en souffrance, elle peut malheureusement sombrer dans encore plus de mal-être, voire* le *suicide. La place des personnes qui sont témoins de ce mal-être, leur donne un pouvoir immense pour aider à faire évoluer vers du mieux-être, c'est leur capacité à prendre en considération la souffrance et à donner de l'amour.* »

Rôle de l'enfant parentifié qui joue à être une mère :

Cette situation va nous permettre de rentrer dans le monde de l'enfance parentifié.

Une petite fille se retrouve à côté d'un parent en difficulté. Elle a un an et sa mère vient de perdre son mari dans un accident de la route. Pour cette petite fille son père deviendra un mythe, plus qu'un souvenir conscient.

Cette jeune mère de 22 ans, se retrouve seule à devoir s'occuper de sa fille, très rapidement elle se retrouve dépassée par toutes ses responsabilités, elle attendait de se faire aider, c'était son mari qui avait cette place de leader.

Elle va demander à sa mère de s'occuper de sa petite fille, qui va être envoyée chez ses grands-parents à la campagne, loin de sa mère.

Cette petite fille **Karen** va chez ses grands-parents prendre une place de responsabilité. Ses grands-parents sont dans une démarche de faire de leur petite fille, « *leur fille* », malheureusement avec un décalage d'une génération.

Karen fut élevée comme une adulte, elle ne devait pas se plaindre, elle devait montrer qu'elle était efficace ; ce qu'elle fit pendant toute son enfance et adolescence. Elle réussit brillamment ses études en prenant un poste à responsabilité dans une banque. (*Gestion du personnel et des comptes*). Elle avait appris au contact de ses grands-parents que la réussite sociale et financière était importante, mais cette réussite était au détriment de son état émotionnel et de son Être, elle avait appris à se nier.

Dans sa vie affective elle rencontra un homme enfant qui était en recherche d'une personne qui allait le porter.

Elle se retrouvait dans une posture relationnelle de couple identique, mais inversée, au couple de ses parents, son mari symboliquement représentait sa mère, elle était entrain d'aider, de rejoindre pour se faire aimer, elle devait s'oublier.

Le couple trouva une forme d'équilibre, chacun étant dans la continuité de son vécu d'enfant avec les réponses qui confortaient leur scénario.

Tout aurait pu continuer sur cette forme apparente de norme, mais la venue du premier enfant vint perturber cet équilibre.

Karen se retrouvait dans une dualité :

Soit elle abandonnait son enfant, comme ce qu'elle avait elle-même vécu, dans une obéissance au scénario de sa mère,
Soit elle continuait son rôle de héros, sans rien demander, obéissant au scénario des grands-parents.
Ou alors, elle réparait son histoire en voulant montrer qu'elle était efficace, en étant une bonne mère.

Elle se retrouvait prisonnière de ce paradoxe, dans un conflit intérieur. Quoiqu'elle fasse, il y aurait une part d'elle qui serait insatisfaite.

Dans ce dilemme inconscient et par le mimétisme avec son enfant, sa souffrance put remonter. Son mal-être se retourna vers son mari, tout ce qu'elle n'avait pu dire étant enfant à sa mère, c'est son mari qui servait de support.

La crise qui en suivit fut salutaire pour **Karen**, cela lui permit de venir demander de l'aide, trouver du sens et sortir d'une culpabilité qui était très présente et aussi alimentée par les revendications et accusations de son mari, qui lui vivait une perte (*il se sentait abandonné*).

Cette situation peut montrer qu'il y a dans le parcours de vie, des opportunités de remise en cause du scénario de son enfance, que la souffrance qui peut être vécue comme un fait négatif, peut au contraire être une nouvelle possibilité de traiter ce passif et de rentrer dans la vie avec plus de liberté.

Dans une autre forme, l'enfant parentifié, peut être l'aîné d'une grande fratrie. Il ou elle se retrouve en charge de tout ou partie de la fratrie pour aider sa mère.

C'est une femme que je reçois, elle a 35 ans, sa mère dépressive suite à un décès dans sa famille, se retrouve à 7 ans, responsable de son frère de 4 ans et de sa petite sœur de 1 an.

Elle en parle avec une certaine fierté. Elle a assuré et aidé sa mère qui était très mal, elle en avait retiré une certaine importance et reconnaissance pour ce qu'elle faisait, elle avait le rôle en plus de s'occuper de sa mère qui était souvent dans sa chambre alitée.

Elle s'est retrouvée dans une profession d'aide, éducatrice de jeunes enfants, elle continuait à travers son métier ce qu'elle savait faire et en retirait également une certaine reconnaissance personnelle par la qualité et l'investissement professionnel qu'elle y mettait, mais où il y avait un manque d'investissement affectif.

Elle trouva un homme qui avait besoin de montrer qu'il était un bon parent et qui dans cette femme trouva une aide précieuse pour sa mission. Ensemble ils décidèrent de monter un lieu d'accueil pour enfants abandonnés.

Dans cette construction du monde, « *de leur vision du monde* », elle trouva une continuité de ce qu'elle avait vécu enfant, être à côté d'une personne qui ne la regardait pas.

« *C'est là dans son travail institutionnel, qu'elle avait le regard extérieur qui nourrissait son manque affectif, dans sa vie actuelle avec son mari qui lui, était dans sa mission pour réparer son histoire, elle retrouvait le sentiment qui était enfoui en elle, d'être transparente et aussi malheureusement la souffrance qui n'avait jamais été exprimée* »

Progressivement, elle s'est désinvestie de son action éducative et elle glissa dans un état dépressif, dans un mal-être qui ne trouvait pas de cause, d'où une perte d'estime de plus en plus forte et le sentiment d'être devenue transparente pour son mari qui lui était encore plus tourné vers sa fonction.

Là aussi, nous pouvons voir que la souffrance, si elle n'est pas trop importante, est un vecteur possible de changement, ce qui fut le cas pour cette personne. Elle dut apprendre à recevoir de la reconnaissance de ce qu'elle était comme individu « Être » et de ne plus passer par son savoir-faire pour exister, de pouvoir investir les enfants aussi pour ce qu'ils étaient et pas uniquement par le fonctionnel.

Une jeune mère est venue me voir pour que je puisse dire à son enfant de 3 ans, qu'il devait obéir, ce qu'il ne faisait pas avec elle. Elle me dit qu'elle lui avait expliqué pendant vingt minutes ce qu'il ne devait pas faire, en lui donnant plein de détails du pourquoi et elle était tout étonnée de voir que son enfant avait refait une heure après la même bêtise.

Cette maman attendait de son enfant qu'il soit autonome, pour la libérer de son rôle d'éducatrice.

Dans son histoire, elle était l'aînée d'une fratrie de cinq et elle avait été chargée, pour aider sa mère indisponible, de s'occuper de différentes tâches ménagères et de se faire aider par ses frères et sœurs et bien sûr d'être responsable de ce qui pourrait arriver.

Elle traitait son enfant comme un membre de sa fratrie, pour ne pas avoir à redire les choses à faire, pour qu'il devienne autonome et pour qu'elle puisse avoir du temps pour elle.

« *Cet exemple montre l'impact d'une programmation qui s'appuie sur une, non prise en compte de l'enfant et bien sûr, par la souffrance qui en découle, schéma qui s'inscrit comme une norme, il n'y a pas d'autres alternatives, pas de remise en cause, pas de recul sur l'action. La personne est manipulée par son vécu, c'est l'autre qui a tort, ce qui valide son comportement et la protège d'une remise en cause qui ferait émerger une souffrance refoulée* ».

4°. Le besoin de l'homme accepté par la femme. *(Il trouve une femme qui accepte ce rôle de mère)*

C'est le parcours d'un homme qui vient d'une famille de six enfants, il en est l'aîné, il a perdu son père à 15 ans, il s'est retrouvé par la force des choses, chef de famille à seconder sa mère. Sa posture d'aîné lui a donné le pouvoir et l'obligation de gérer ses frères et sœurs.

Il a pris la place de son père, il a été reconnu dans cette fonction et il en a retiré une certaine image positive de lui-même.

Pour toute la famille, le père était resté comme un mythe, son souvenir restait vivant, il était dans la continuité de cette mission commencée à 15 ans, maintenir le souvenir et la fonction du père. Il gardera cette place de père de substitution jusqu'à ce que son dernier frère soit devenu autonome, il avait à ce moment-là 30 ans.

Il rencontre une femme qui va l'aider à rester dans son rôle de père « *elle est dans la recherche du sien* », ils se marient et ils auront deux enfants. Il va prendre une place prépondérante dans la vie familiale et dans la relation aux enfants, « *le clin d'œil de la vie* » quand son aîné a 15 ans, sa femme abandonne son rôle de mère et elle part sans laisser d'adresse.

Il se retrouve à travers son fils à revivre la perte d'un parent, cela va renforcer son rôle, il devient encore plus pour la famille et le voisinage, le père ce héros qui assume.

Quand ses enfants vont se retrouver adultes et dans la vie active, il se retrouve dans la perte de son job « *fonction de père* », il a à ce moment-là, 50 ans.

Il rencontre une jeune femme de 20 ans de moins que lui, qui est dans une démarche pour prendre une place sur un plan professionnel, il y a chez elle aussi un besoin d'enfant et elle recherche un père disponible, lui est partant pour retrouver ce rôle et cette fonction.

Je reçois ce couple au moment où leur enfant, une fille, arrive à 15 ans, phase de transition par le passage en seconde, ce qui amplifie la résonance émotionnelle des deux parents, ils sont dans une phase critique pour leur couple.

La femme est dans une phase importante de changement dans son commerce pour le faire évoluer, elle est entièrement tournée vers cette perspective et lui se retrouve dans une fragilité. Il aurait besoin de sa femme pour passer ce stade de déstabilisation que la similitude de l'âge de sa fille lui ramène, la perte qu'il n'a pas encore traitée.

Ils se retrouvent tous les deux devant l'obligation, pour ne pas faire exploser leur couple, de regarder dans leurs histoires respectives, pour faire ce pas de côté et comprendre ce qu'ils étaient entrain de vivre.

C'était pour eux, la seule possibilité de sortir de cette reproduction en aveugle et peut-être de sauver leur couple en s'autorisant à montrer leurs failles et ainsi pouvoir s'entraider.

C'est aussi le moyen de ne pas faire passer cette vision de la relation de couple, à leur enfant, comme étant la norme.

L'exemple qui suit, met en scène un homme qui vient d'une situation familiale où il est l'aîné de deux enfants, avec une sœur de 3 ans de moins. Quand il a 7 ans ses parents divorcent et son père part (*il abandonne sa fonction de père*) sans laisser d'adresse.

Il s'en suit une déstabilisation de la mère et de toute l'organisation familiale.

Il se retrouve le seul homme de la famille, sa mère désemparée, se retrouve toute seule pour assumer le rôle de parent et est aussi obligé de travailler pour subvenir financièrement aux besoins de la famille.

Il va être surinvesti par sa mère, qui va s'appuyer sur lui pour s'occuper de sa petite sœur et aussi pour pallier le vide laissé par le départ du père.

Il va être parentifié, il rentre dans cette mission et il y trouve une certaine satisfaction. Il rentre dans la cour des grands, il se targue d'importance et on lui en reconnaît.

Devenu adulte il reste dans la même construction du monde et en devenant père, il se retrouve à la place du père incompétent, lui devient dans la continuité de ce qu'il a appris à être, dans la mission de remplacement du parent absent.

Il lui faut trouver une femme qui devra accepter un rôle de parent absent, donc incompétent. Il rencontre cette femme, qui elle est restée le soutien de sa mère dépressive et soumise à son mari. Elle est très souvent chez ses parents pour servir de médiateur et va donc être absente de son couple et de sa fonction de mère, d'autant plus facilement qu'elle sent que son mari assure très bien le rôle de père. Elle est donc, dans le sentiment de légitimité de déléguer son rôle de mère et d'être ainsi, plus libre d'aller chez ses parents.

Équilibre qui sera rompu quand leur fille va arriver dans l'âge de 4 ans, âge de la sœur du mari au départ du père, ce qui réactive la souffrance qu'il avait enfouie et qui se retrouve ainsi remise sur le devant. Conflit de couple, il reproche à sa femme d'être absente, c'est à ce moment-là que je reçois cet homme.

Nous pouvons voir dans cet exemple, comment cet homme va se retrouver dans la continuité de ce qu'il a appris en étant enfant, pour être aimé, il devait mettre de côté, voire nier son ressenti pour réparer sa mère.

« ***Un enfant ne peut pas juger son parent, surtout sa mère, sauf s'il y a un ancrage dans une autre femme, tante ou grand-mère, mais il y aura toujours une contre partie négative, il se mettra en échec dans une fonction, principalement celle où il aura jugé son parent*** »

Il va continuer ce qui lui a donné une certaine reconnaissance, son savoir-faire, dans certaine situation. Cette personne peut, pour continuer la mission qu'il s'est donné, devenir violent comme dans une posture de survie, un point d'honneur à réaliser ce pour quoi il a été reconnu, il ne peut pas ne pas faire.

La stimulation invisible que l'âge de sa sœur lui ramène, met cet homme face à une souffrance et à du ressentiment qu'il avait vis-à-vis de sa mère, qu'il avait refoulé et que la situation actuelle peut lui permettre d'exprimer, grâce ou à cause d'une certaine similitude, mais bien sûr pas avec la bonne personne. (*Les similitudes sont nécessaires pour revisiter, exprimer et si possible régler les blessures anciennes. Ce qui fut le cas pour cet homme.*)

La souffrance que ce couple étant entrain de vivre, par l'agressivité qu'ils se projetaient, prenait des proportions importantes, cette importance fut l'élément déclencheur d'une prise de décision de se faire aider à comprendre, d'où la venue de cet homme qui avait été celui qui était déstabilisé et qui se retrouvait accusé par sa femme de ne pas être parfait.

C'était comme si sa mère l'accusait, il venait partager dans deux niveaux d'émotion, la souffrance qui ressortait et la culpabilité de ne pas être parfait.

5°. Le besoin de l'homme et de la femme d'avoir un enfant.

(Ils rentrent dans un scénario de réparation de leur histoire familiale et leurs missions se complètent)

Il était une fois, cela démarre comme un conte de fée, la rencontre de deux êtres qui tombent amoureux, un homme et une femme sont attirés l'un par l'autre « *on appelle cela l'Amour* » mais à la différence de la majorité des couples, ils décident, comme un contrat de mariage, de faire une famille, d'avoir des enfants, au moins trois.

Dès la première année de vie en couple, ils eurent un enfant, qui fut suivi très rapidement par deux autres, ils remplissaient leur contrat.

Tout aurait pu aller bien dans le meilleur des mondes, si le passé ne les avait pas rattrapés. Les enfants grandissaient et ce qui devait arriver, arriva, ils devinrent adultes.

Jusque-là rien que de très normal. Leur couple qui était basé sur un contrat implicite, sur un certain niveau, d'être des parents, sous-entendu des bons parents, se retrouvait caduc. Le contrat n'avait plus de raison d'être, leur couple n'était pas la raison d'être ensemble.

Face à ce fait, qui bien sûr n'était pas visible à leur compréhension, il y eut des dysfonctionnements et des comportements hors normes, autant chez les parents que chez les enfants.

Arrivé à ce stade, le système avait plusieurs possibilités pour essayer de faire avec ces stimulations invisibles.

Un des enfants, plus souvent le dernier, peut se mettre en échec dans son cursus scolaire. Il viendrait par son départ, mettre en évidence, la non pertinence du contrat des parents : plus d'enfant, plus de raison d'être ensemble, donc plus de possibilité pour exister dans cette fonction qui était leur seule façon de se reconnaître et de se faire valider.

Donc pour aider ses parents à continuer leur mission et leur permettre de rester ensemble, il va se mettre en échec, sur le plan scolaire, sur un comportement dysfonctionnant dans le cercle familial ou dans la société, il peut même déclarer une maladie invalidante pour légitimer son maintien dans la famille et ainsi permettre aux parents de continuer leur mission.

Le piège du dysfonctionnement d'un enfant, c'est que cela mettrait l'aspect sur la non-compétence de leur fonction parentale, ils deviendraient comme leurs parents, de mauvais parents, tout ce qu'ils essayaient de réparer.

Dans la société, il y a un terme pour définir ces enfants, « ***un bâton de vieillesse*** » ou « ***un Tanguy*** »**,** ils ont une fonction d'aide à un des parents ou aux deux, qui peut s'appuyer aussi sur d'autres paramètres.

Un parent, peut devenir ado et partir, là où il n'avait pu le faire dans sa propre histoire, ce qui peut piéger un enfant à rester avec la mère ou le père.

Il peut tomber malade dans une tentative, bien sûr inconsciente de maintenir la situation, de montrer sa souffrance pour que quelqu'un s'occupe de lui « *sa mère* », il peut devenir violent sur lui ou sur les autres, tentative comme un enfant de trois ans qui pique une colère pour qu'on lui cède.

De trouver un exutoire dans une démarche d'investissement vers un support autre, un animal « *genre petit chien, qui remplace l'enfant absent et qui permet de maintenir un comportement parental* »

De devenir famille d'accueil pour continuer leur fonction parentale avec d'autres enfants.

Un des parents peut tomber dans une dépression grave, s'invalider et le second va continuer de remplir sa mission de parent.

Le constat qui peut être fait dans cette histoire, c'est que la famille a pu trouver après une phase de dysfonctionnement la possibilité de rebondir vers un processus de réparation de leurs blessures.

La réponse que ce système avait trouvé, c'est la mise en échec du dernier fils, rupture de son parcours scolaire, ne s'est pas présenté au bac, dérive dans une prise de drogue, pendant un temps, les parents ont été stimulés dans leur fonction, mais très vite ils se sont retrouvés incompétents pour aider.

La souffrance qui en découla, leur permit de se prendre en compte et de s'entraider pour trouver des réponses.

Le fils de fait n'était plus au centre de leur préoccupation, il en prit conscience, ce qui lui permit de sortir de son processus d'échec, il n'avait plus besoin pour aider ses parents de se mettre en difficulté et ainsi de pouvoir repartir dans son parcours de vie.

Pour cette famille, ce qui aurait pu tourner à un problème relationnel grave et s'enkyster dans un dysfonctionnement vers certains de ses membres, a pu se transformer vers une démarche de résolution de leur comportement.

En clair, ils ont pu se servir de leur souffrance comme vecteur de changement, ce qui n'est malheureusement pas toujours la réponse que le système famille met en place.

Le système qui suit met en scène un couple, deux personnes qui se rencontrent et qui s'aiment, relation pourrait-on dire normale, mais ce qui les met en contact et qui reste bien sûr invisible, c'est qu'ils viennent l'un comme l'autre d'une famille qui a perdu un enfant.

Si nous reprenons le fil de la réflexion, pour comprendre ce qui motive chacun d'entre nous, dans nos actes de la vie de tous les jours et dans ce système particulièrement.

Monsieur vient d'une fratrie où il est le cinquième de six, avant sa naissance ses parents perdent leur deuxième enfant à deux ans, d'un accident de circulation, la mère principalement, reste avec une souffrance et surtout une culpabilité, elle aurait dû, mieux le surveiller.

Monsieur arrive quatre ans plus tard dans ce contexte qui reste mortifère et sa mère porte toujours sa croix, donc sa culpabilité, sa souffrance n'étant pas légitime à être entendue, il va être élevé dans une ambiance où il devait obéir à l'angoisse des parents = insécurité.

Madame arrive au monde dans une famille de cinq enfants, elle est la seconde, le premier enfant était un enfant mort né, elle va être élevée avec des paramètres identiques à monsieur, d'où leur attirance, ils ont une vision du monde identique.

Dans leur rencontre ils vont se retrouver dans une dynamique d'être des parents parfaits, qui doivent rester dans de la vigilance pour réparer la culpabilité et la souffrance de leurs parents, l'angoisse étant le moteur qui va conditionner leur façon d'éduquer et d'accompagner leurs deux enfants.

Dès que leurs enfants atteignent l'âge adulte, ils ont rempli leur contrat, ils peuvent passer à autre chose, ce qu'ils font, ils divorcent et les enfants sont laissés dans une forme de vacance, ils ont maintenant le pouvoir et le devoir de se prendre en charge.

Ce qu'ils font, l'aîné un garçon, va faire évoluer le scénario, il rencontre une femme qui elle a le besoin d'être une mère, lui il devient un père qui restera très gamin, avec des comportements très rigides, des phases caractérielles et en même temps se mettre en situation d'abandonner son rôle de père.

Sa femme pallie son désinvestissement, il va déléguer cette fonction à ses enfants, leur reprocher de ne pas être compétents et lui de se mettre dans une recherche de plaisir, de rester enfant dans une démarche égocentrique, donc de devenir un parent inconsistant.

Ce que l'on peut voir, c'est la reproduction du dysfonctionnement, comment les enfants sont dans l'obligation aveugle de pérenniser cet héritage, dans un piège ou de reproduire dans le copier coller ou de faire l'inverse, ce qui fut le cas, mais avec une reproduction du dysfonctionnement premier, une génération sur deux.

Si nous remontons aux arrière-grands-parents, ceux qui ont perdu un enfant, ils ont vécu une grande souffrance qu'ils n'ont pas pu exprimer.

« ***Programmation de leur enfance, leur souffrance n'a pas été prise en compte*** »

Elle s'est transformée dans de la culpabilité.

« ***L'enfant qui n'est pas entendu dans sa souffrance, retourne sur lui, la faute, il devient coupable de mettre son parent en colère et en échec*** ».

Et dans la honte.

« ***Sanction que le parent se donne et après parfois, fait subir aux enfants, tu n'as pas honte ?*** »

Surtout pour la mère qui n'a pas su protéger son enfant.

La transmission qui en découle va programmer leurs enfants dans le devoir de faire mieux, d'être parfaits.

Nous avons vu que ces enfants sont dans le faire, mais pas dans l'être, ils obéissent à la souffrance du système, donc, quand leur mission est terminée, ils abandonnent leurs enfants.

Enfants qui n'étaient qu'un moyen d'obéir à la mission de réparation familiale, ces enfants vont porter le poids de la blessure de base, plus les dommages collatéraux, qui sont les conséquences sur la génération suivante.

Ces parents qui dans cette famille leur ont fait vivre un manque d'investissement affectif, donc un manque d'amour.

Les petits enfants vont donc hériter de la culpabilité, de la honte « il faut être des parents parfaits » et de, il faut maintenir le souvenir de la blessure première en restant un parent imparfait, en plus de faire avec le manque d'amour, en conclusion, d'hériter de la souffrance de la posture des parents et en plus d'hériter de la souffrance des enfants.

Dans cette famille, nous voyons comment le petit-fils a pu faire évoluer un niveau de cette souffrance en déléguant la responsabilité parentale à une femme qui avait ce besoin de materner pour être reconnue.

Il lui rendait service, mais lui, il reprenait la posture sur un plan symbolique, le fait d'être un parent inconsistant, immature, donc de maintenir la cause première, de se mettre dans une posture pour être accusé d'être irresponsable, tentative de réparer la culpabilité première, un coupable doit être puni pour retrouver son honneur.

Cela montre que, quand une personne porte une responsabilité d'où découle une culpabilité et la honte en rapport avec un acte dont elle s'est jugée coupable, dans cette famille, les descendants vont se retrouver dans une dualité, obligation de réparation de cette responsabilité.

Il y aura dans cette lignée une continuité de ce dysfonctionnement parental, en montrant que le parent est imparfait et en faisant tout pour se faire juger « *tout cela bien sûr inconsciemment* » et une continuité de tentatives de réparation « *tentatives qui mettent en scène l'obéissance à cette mission paradoxale, donc qui reste tentative, impossible à réaliser* » avec des variables, mais le fond restera intact tant que la blessure initiale ne sera pas réparée.

6°. Le besoin, pulsion de l'homme subi par la femme. *(viol, l'enfant s'inscrit dans la souffrance et dans la honte)*

Cette approche de la relation, met en scène un homme qui est dans une vision très machiste, pour lui la femme est là pour répondre à ses besoins.

L'histoire qui suit met donc un couple dans ce profil. Pour l'homme, la femme est bien sûr soumise, nous verrons pourquoi et quelles hypothèses faire pour expliquer cette soumission.

J'ai un accès à ce système par l'avant dernier enfant d'une fratrie de sept, une fille, la sixième, qui vient me voir pour un problème de relation avec son mari et pour que je l'aide dans son processus de séparation, ils ont deux enfants de cinq et trois ans et sept ans de vie commune.

Elle a subi ce mari macho qui pouvait être violent et qui lui imposait ses besoins sexuels, si elle refusait, il devenait violant psychiquement et physiquement, il y a eu un acte de violence de trop, ce qui lui a donné l'énergie de partir.

Elle venait pour comprendre ce qui lui était arrivé et surtout pourquoi elle était restée sept ans avec lui, à subir dans une posture de soumission et en même temps de rébellion, car elle essayait de résister à l'invalidation, elle faisait un bras de fer avec lui mais sous la pression elle cédait, elle baissait les bras, il gagnait toujours, jusque-là !

La réponse se trouvait bien sûr dans sa famille d'origine, là où elle a eu un modèle de relation homme femme. Elle a pu recontacter dans ses souvenirs que son père était lui aussi très violent et exigeant vis-à-vis de sa femme qui devait répondre à tous ses besoins.

« *Elle prend toute la mesure de la ressemblance entre son père et son mari. Jusqu'à présent elle était aveugle à cette réalité, elle ne pouvait pas la voir, elle avait besoin de se mettre dans cette similitude pour tenter de réparer son histoire, elle s'était donné cette mission, un point d'honneur à réagir, symboliquement, de sauver l'image de la femme réduite à une forme d'esclavage sexuel* ».

Elle a vu sa mère se faire mettre dans une posture de soumission extrême, au point de ne rien dire, elle portait le poids de la fatalité comme si elle n'avait aucune légitimité à être.

Elle aurait voulu que sa mère réagisse pour arrêter son père, elle se rappelait qu'elle avait rêvé que sa mère divorce.

Elle a pu comprendre qu'elle s'était mise avec cet homme pour refaire le couple de ses parents et vivre ce que sa mère avait vécu, subir pour prendre la décision qu'elle aurait voulu que sa mère prenne.

Ses enfants l'avaient aidée par leur présence, comme un détonateur, elle se revoyait avec son petit frère qui avait un handicap mental et dont elle s'était beaucoup occupée. Une façon à travers eux, de réparer et protéger ses enfants de ce modèle relationnel, c'est là qu'elle ne l'avait pas été, ses enfants avaient sensiblement l'âge auquel elle avait pu élaborer cette envie de voir sa mère réagir.

Elle avait besoin de comprendre pourquoi son père avait eu ce comportement machiste et cette invalidation de la femme, ce non respect, de la traiter comme un chien sur lequel l'individu peut se défouler.

« *En reconnectant avec ses souvenirs elle revoyait son père avoir justement plus d'égard avec son chien, comme s'il n'y avait que lui qui pouvait le comprendre* ».

Ce qu'elle a appris de son histoire, c'est qu'il avait perdu son père décédé très jeune, il avait sept ans avec un petit frère de deux ans, il était devenu l'homme de la maison, avec une mère qui par la souffrance était devenue autoritaire, très facilement réactive. Elle lui imposait des responsabilités énormes, elle rejetait ses enfants, comme si elle les rendait responsables d'être vivants.

Ce qui pouvait donner du sens aux comportements du père, qui s'était endurci pour obéir à l'héritage culturel et aux exigences de sa mère, il en avait aussi retiré une haine de sa mère qu'il avait étendue à toutes les femmes. Il était devenu misogyne, sans bien sûr pouvoir l'exprimer à sa mère.

Il avait dans son couple, fait payer à sa femme ce qu'il avait subi. Il avait retiré de son enfance une haine et en même temps du manque, donc de la dépendance de la femme, il était comme prisonnier de cette dualité, d'où ce rejet et cette attirance qui motivaient ses comportements.

Sa mère était la dernière d'une fratrie de cinq enfants, elle avait perdu sa mère vers cinq ans et elle s'était retrouvée à vivre dans une famille où le père était la référence parentale unique.

Ce père était dans la souffrance de la perte de sa femme et son identité d'homme ne lui donnait pas accès à l'expression de son mal-être, surtout pas le montrer « ***l'héritage culturel où l'homme ne devait pas montrer ses émotions, autrement c'était une fillette*** », son père avait bien retenu la leçon, il était dur et exigeant.

Elle avait appris à obéir sans pouvoir envisager de se rebeller, en étant la dernière de la fratrie, elle était restée plus longtemps dans une fonction où elle remplaçait à côté du père la mère décédée.

Elle était dans une posture incestueuse, au même niveau que son père dans des décisions de la vie de tous les jours sur le plan organisationnel, mais avec la contre partie qu'elle devait se soumettre, dans une posture « *comme une esclave, l'obligation de faire et l'interdiction de donner son point de vue* » Elle retrouvait dans son mari la continuité de la relation qu'elle avait eue avec son père, d'où cette forme de passivité.

elle était dans du connu et le connu rassure.

Elle a fait passer à ses enfants ce modèle de soumission, de subir le pouvoir despotique et sexuel de l'homme, comme une normalité.

La femme qui est venue me voir, prenait la mesure de ce qu'elle avait subi comme programmation sur les relations entre les hommes et les femmes, comment la négation de la souffrance d'être zappée par sa mère, qui était trop tournée dans sa soumission, lui avait fait trouver des excuses à cette pauvre maman et de regarder son père comme le méchant.

Cela lui avait permis de construire ce point d'honneur à réparer l'image de la femme sa mère, mais pour cela elle devait le vivre de l'intérieur, prendre sa place pour voir la possibilité ou pas d'en sortir.

Cette replongée dans la souffrance de la femme, sa mère, lui faisait vivre aussi sa souffrance d'enfant, à travers la souffrance de ses enfants, elle a pu recontacter la sienne et poser un acte d'accusation sur le mari en portant plainte à la gendarmerie pour violences conjugales.

Par cet acte, elle réparait sa souffrance et la lignée féminine de son clan, en faisant entendre la justice, ce qui était aussi très important, c'est pour ses deux enfants qui allaient avoir une vision plus normative des relations humaines.

Ils auront eux aussi, un jour à faire une mise à plat de ce qu'ils avaient hérité et vécu.

Cette situation propose une relation avec des similitudes, mais le départ dans la rencontre est moins caricatural.

Cette famille est originaire d'un pays limitrophe, l'homme et la femme sont venus en France, ils étaient juste mariés, ils venaient tous les deux de grandes fratries, lui d'une fratrie de douze enfants avec deux enfants décédés jeunes, il était dans les aînés, elle d'une fratrie de dix, il y avait aussi un enfant décédé à la naissance, elle était vers le milieu.

Issus d'un milieu modeste, ils avaient reçu des valeurs très marquées sur le respect dû aux parents.

Le modèle était le père chef de famille qui avait la tâche de faire vivre sa famille et il s'en faisait un point d'honneur. Il ne pouvait pas être remis en question, même par sa femme, qui était par son travail à la maison, aidée par les plus âgés, avec un point d'honneur à montrer que cette famille était honorable.

Pour notre culture et à notre époque, le père avait un pouvoir machiste, la femme était soumise, mais dans leur culture, ils étaient tous les deux prisonniers de leur héritage culturel.

Chacun était à sa place, culturellement, ils étaient dans la norme sociale de leur pays.

Arrivés en France, ils sont avec les mêmes paramètres qui vont se renforcer car ils doivent s'intégrer dans cette nouvelle société, avec une difficulté causée par la différence de la langue, de ne pas se faire remarquer, de ne pas déranger, (être parfait), un point d'honneur à !

Très rapidement ils vont avoir des enfants, leur culture et leur vécu amènent cette notion de famille, ils en auront cinq.

L'enjeu pour ces parents, c'est d'être à la hauteur sur plusieurs niveaux, dans leur rôle parental être des parents parfaits, avec une rigueur extrême, dans la communauté française être de bons citoyens, ne pas faire de vagues, c'est avec ces paramètres-là que leurs enfants sont élevés.

C'est la fille aînée que je reçois quand elle a trente ans, elle s'est mariée et elle a une fille de onze ans qui va rentrer en sixième.

Elle a rencontré un homme français, mais dans le modèle de son père très machiste. La variante c'est qu'il est représentant et qu'il part toute la semaine, elle est donc plus libre de ses actes et de sa vision du monde, le week-end il arrive en propriétaire.

Le comportement de son mari devient de plus en plus inacceptable et il y a une réaction de sa part, elle ose contre dire le seigneur et maître, qui bien sûr ne comprend pas cette forme de révolte, il durcit le trait.

Elle se retrouve dans une dualité, obéir à la vision de ses parents, dans la continuité du modèle de la femme soumise et de se donner un point d'honneur à ne pas faire de vagues ou elle fait évoluer sa condition de femme, le modèle des femmes françaises libres y est pour quelque chose.

L'âge de sa fille unique joue aussi, car elle devient une jeune fille (*femme*) et elle rentre en sixième, départ symbolique mais chargé de sens dans la famille, départ, égale mort.

(*Décès des enfants dans la fratrie des grands-parents et aussi le départ des parents de leur terre natale, qu'ils ont vécu comme un déchirement, une perte et une culpabilité*).

La prise de conscience et l'affirmation de cette femme pour devenir une personne légitime et autonome dans ses choix et dans ses actes, ne s'est pas fait simplement, mais dans la douleur, car elle a dû composer avec tous ces paramètres.

L'appartenance à la culture du pays de ses parents, l'appartenance à la culture de la France, ses parents avaient dû composer avec leurs origines, car ils avaient montré par leur venue en France qu'ils étaient dans une dynamique d'intégration de nouveaux paramètres sociaux.

Elle qui était née sur le sol français, elle qui côtoyait tous les jours les jeunes filles de son âge qui lui donnaient une vision de liberté, elle qui avait dû très jeune servir d'interprète à ses parents, à la mère principalement, elle portait le poids des attentes de ses parents.

Elle était la première pour ses parents, elle était la vitrine de la famille dans le quartier, à l'école par sa tenue et par ses réussites scolaires et sa bonne éducation.

L'âge de sa fille a servi là aussi de facilitateur, de déclencheur, de légitimité à ne plus accepter d'être mal traitée.

Elle décida de divorcer devant le refus de son mari de se remettre en question.

« Nous pouvons voir dans cette situation familiale, comment le choc des cultures peut amener des troubles ou des cas de consciences chez les descendants des migrants. Les enjeux que vivent les enfants ne peuvent être réglés, dans la plupart des cas, que par une réflexion pour trier ce que nous gardons et ce que nous rejetons de l'héritage et de ce que nous prenons de cette nouvelle société ».

7°. La pulsion de l'homme (père) subie par sa fille. *(viol, inceste, l'enfant s'inscrit dans la souffrance et dans la honte)*

Quelques exemples, pour mettre en scène ces relations particulières qui découlent d'une blessure du système familial et qui pérennisent dans la lignée des dysfonctionnements et des pathologies.

« Mais avant il faut nous interroger sur notre perception de l'Être humain, différencier l'Être de ses actions, pour ne pas rester dans le jugement de valeur, jugement qui ne nous permettrait pas de comprendre ce qui a légitimé ce genre d'acte et surtout d'accompagner les personnes en souffrance dans un chemin de réparation ».

Qu'est-ce qu'un Être humain ? Qu'est-ce qui définit l'humanité d'un être ?

Voici ce que l'on peut trouver dans le dictionnaire :

Humain, : (adjectif)
Qui est sensible à ce que peut ressentir son prochain.

Synonymes d'humain :

Charitable, altruiste, bon, compatissant, fraternel, généreux, humanitaire, qui a bon cœur.

Humanité : (nom féminin.)

1) Bienveillance ou compassion pour les malheurs d'autrui. (Traiter quelqu'un avec humanité.)

2) Caractère d'une personne dont la nature humaine est très manifeste.

Synonymes d'humanité :

Altruisme, aide, allocentrisme, amour (d'autrui), assistance, bénévolat, bienveillance, bonté, charité, compassion, dévouement, don de soi, empathie, entraide, extraversion, fraternité, générosité, gentillesse, pitié, sensibilité, serviabilité, solidarité, sollicitude. Sensibilité, affectivité, âme, attendrissement, cœur, compassion, émotivité, empathie, pitié, romantisme, sentiment, sentimentalité, sympathie, tendresse, vulnérabilité.

En bref, ce sont les *émotions* qui caractérisent notre race, la faculté de ressentir de l'empathie, de l'amour pour son voisin, son prochain, l'aptitude à la bonté, à la sensibilité, aux sentiments d'entraide, de fraternité, de solidarité, etc.

La capacité de la *considération externe*, de se « mettre à la place » d'un autre (qu'il soit humanoïde ou non) et de guider ainsi nos actions (qui ont immanquablement des répercussions) qui nous distinguent.

La situation suivante met en scène une histoire où la souffrance est visible et permet de voir les conséquences du désordre relationnel sur les générations suivantes, désordre que l'on appelle l'inceste.

J'ai accès à cette situation par une femme de cinquante-cinq ans qui a posé un acte d'agression sur elle, elle a essayé de se suicider.

Elle me raconte son histoire, la perception qu'elle en a, ce qui l'a poussée à cet acte extrême. C'est une remontée d'un souvenir de son enfance après une séance de massage où le masseur « *professionnel* » a abusé sexuellement d'elle, elle était déstabilisée par le fait d'être massée, elle était en manque de sa mère, il y avait peu de contact corporel avec sa mère.

Elle s'est laissée faire, au point d'avoir oublié cet événement pendant quelques mois, ce qui a fait revenir ce souvenir, ce fut un film à la télévision qui retraçait l'histoire d'une petite fille qui était abusée par son père.

Dans la nuit et les jours qui ont suivi, elle a eu un problème urinaire, infection, brûlure, la visite chez son médecin lui a permis, par les questions qu'il a posées, de savoir si elle n'avait pas eu un vécu d'insécurité ce qui pourrait légitimer la cystite.

Tout ce qui avait été enfoui, revenait à son esprit, un peu dans le désordre, d'où sa venue pour être aidée à clarifier ses souvenirs. En remontant dans le passé, elle a pu rassembler tous ces morceaux comme un puzzle et en faire une image plus complète.

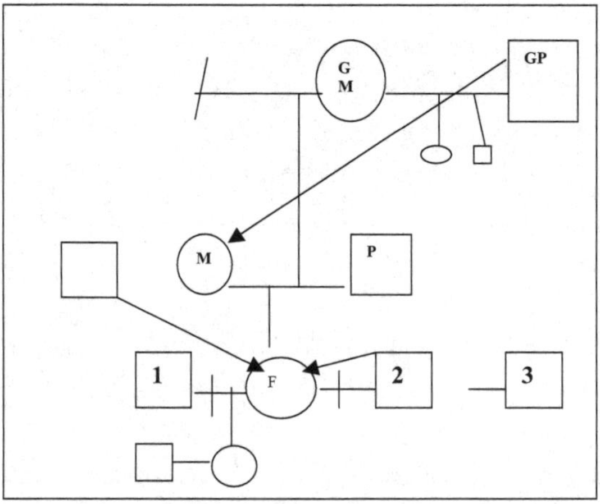

Sa mère était issue d'une relation, dite sans lendemain, la grand-mère était « *fille mère* », elle n'avait pas accès à l'histoire familiale, les liens n'étaient pas vécus, elle ne connaissait pas cette grand-mère, sa mère avait coupé les relations avec elle quand elle est devenue adulte.

Donc la grand-mère a une fille, elle épouse un homme qui va reconnaître cet enfant, elle avait quatre ans, le couple aura deux enfants.

Cette fille va être violée vers sept ans, qui peut corresponde à la naissance du premier enfant du couple, par ce père qui n'est pour elle que son beau-père, même si elle porte son nom, et ce pendant de nombreuses années, sans que la mère se positionne.

Vers quinze ans, elle va tomber enceinte de ce père, les parents pour masquer les faits, vont la marier à un jeune ouvrier agricole qui travaille dans leur ferme.

Promotion pour lui, il accepte de marier la fille du patron, il sera bien gentil pour la mère et l'enfant qui va naître, il restera un père absent, pas protecteur, cet enfant qui vient au monde, c'est la personne qui me raconte l'histoire.

Elle va vivre son enfance sans cadre, devant se gérer dans les actes de tous les jours. Sa mère la considérait comme une cosette, pas de tendresse, pas de manifestation affective, une dureté, voire un rejet, il n'y avait que le travail qui pouvait amener une forme de validation, elle a subi de sa mère une invalidation de son image de fille, avec des moqueries, des accusations injustifiées.

« Cette mère en voulait à sa fille de lui ramener l'image de son enfance particulière ».

Malheureusement, cette fille va rencontrer dans son enfance un personnage, ami des parents, qui va abuser d'elle, dans la continuité de ce vécu familial, elle n'a pas pu en parler, la solution, c'est de faire une amnésie pour continuer de vivre.

Nous la retrouvons adulte, elle rencontre un homme très gentil avec lequel elle aura une fille qui a aujourd'hui trente ans, ils divorceront la fille a « *quatre ans* », le divorce est d'une prise de décision de cette femme qui prend conscience que son mari a une vie parallèle, il est homosexuel.

Son inconscient avait trouvé cette alternative pour faire du lien avec son père et protéger sa fille d'un père agresseur, elle avait trouvé l'antithèse.

Elle va se remarier avec un homme qui représente plus pour elle, l'image masculine, malheureusement, très vite il va la contraindre à subir ses besoins sexuels, il va aussi devenir violent, violence qui va dépasser un seuil qui pour elle devient inacceptable, elle va porter plainte et divorcer.

Nous pouvons faire l'hypothèse qu'inconsciemment elle avait besoin de réparer ses blessures d'enfant, les revivre de cette façon et porter plainte, c'était pour elle une revanche et aussi une façon de protéger sa fille.

La réparation n'était pas complète, car elle pouvait encore subir dans certaine situation le pouvoir de persuasion sexuelle de l'homme.

L'histoire malheureusement n'est pas terminée, elle retrouve un homme qui lui permet de vérifier dans le lien homme femme que la tendresse peut exister.

L'onde de choc du dysfonctionnement des adultes autour de la sexualité, continue pour sa fille de trente ans, elle a des difficultés pour avoir un enfant, là aussi l'inconscient met en place une protection pour les enfants, en empêchant leur venue.

En parlant de sa fille, elle dit qu'elle est reconnue pour avoir un comportement de nymphomane.

« Nous pouvons voir dans cette histoire familiale, comment la conséquence d'une déviance sexuelle, peut structurer ou plutôt déstructurer les comportements humains sexuellement sur plusieurs générations ».

Une variante dans ce système familial

Je reçois un homme de quarante-cinq ans qui vient pour parler de sa famille, il est dans une phase de fragilité de couple et ses trois enfants sont, eux aussi, dans une difficulté relationnelle.

Les difficultés que rencontrent tous les membres de la famille, sont en rapport avec le genre opposé où la sexualité semble être le thème qui pose problème, il en avait fait le constat et il avait envie de comprendre quel était le dénominateur commun à chaque problématique.

Sa mère a été violée par son père, elle a eu une fille de cette relation, elle avait seize ans, elle s'est mariée vers dix huit ans avec un homme divorcé de dix ans de plus qu'elle, le couple aura deux enfants, lui et un frère plus jeune.

Il a su quand il est devenu père, l'histoire de sa mère, il peut dire que sa mère avait plus une image de femme, dans la séduction, que de mère.

Lui aura trois enfants avec une femme qui est l'antithèse de sa mère, que dans sa fonction mère et pas dans son identité de femme, ils trouveront tous les deux une forme d'équilibre, comme une réparation de son histoire ses enfants avaient une maman, lui pouvait rechercher à l'extérieur de son couple un complément sexuel.

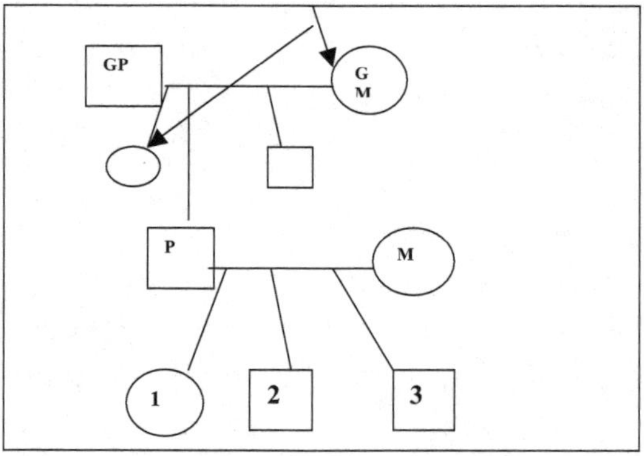

Il prend conscience qu'il a reproduit la même organisation que ses parents, le même nombre d'enfants, sa sœur est devenue une bonne sœur « *tentative de réparer l'image de la femme facile et de se protéger de l'homme* » sa fille de vingt-quatre ans prend la posture inverse, elle devient une actrice de films X.

Ses fils sont dans une difficulté avec les femmes, le second de vingt ans ne parvient pas à rester en couple, il reste quelques mois avec une femme et il se fait jeter, elle lui reproche d'être inerte, de ne pas prendre d'initiatives et il retourne chez ses parents dans un état dépressif.

Le dernier enfant qui a dix-huit ans, lui reste chez ses parents. Il est dans son monde, ne sort pas, pas de lien, son père s'interroge sur une homosexualité possible de ce fils, il a une posture de bâton de vieillesse, il reste pour aider sa mère.

« Nous pouvons voir comment, l'héritage du clan familial rend les enfants dépendants, tous les systèmes vont rebondir dans des scénarios de reproductions ou de comportements inverses et cela sur plusieurs générations ».

Dans la continuité de ce thème où la fille subit le pouvoir de son père, nous pouvons voir comment l'enfant qui y est conçu devient dépendant de cette place particulière et la conséquence de cet héritage sur les descendants.

Une fille qui est née de cette relation d'inceste, va subir dans la continuité le manque de cadre de sa famille « *dites familles enchevêtrées* » de laquelle elle est issue, sa mère s'est mariée, elle est restée chez ses grands-parents « *et avec son père* ».

La grand-mère avait perdu deux enfants bas âges, sa mère aura une fille non reconnue par son géniteur, elle était loyale à sa mère, elle lui donnait deux enfants de remplacement.

Quand sa mère trouve un homme pour se marier, il reconnaît son deuxième enfant par le mariage, elle reprend sa fille pour vivre dans une image de la famille normale.
Les années vont passer, les frontières floues de cette famille, vont permettre à l'aînée des filles, de faire vivre à sa petite sœur des attouchements sexuels de trois à sept ans.

C'est cette dernière qui est venue pour regarder son histoire et comprendre les motivations de sa sœur et de son père adoptif, quand elle est venue, elle avait vingt-deux ans, sa mère était décédée depuis deux ans, son père venait de se marier avec sa belle fille.

Toutes les frontières de la morale judéo-chrétienne ont été bafouées, conséquence de cette déclinaison relationnelle, comme une onde de choc, l'écœurement qu'elle ressentait du comportement de sa sœur et de son père, allait lui permettre de rebondir dans la vie, elle avait besoin de reprendre confiance dans le genre humain et de revaloriser son image de femme et d'individu.

Il est important de comprendre le processus qui génère les actions, et surtout les réactions, de tous les systèmes vivants qui nous préoccupent, le sien ou celui de la personne que nous voyons fonctionner à côté de nous.

Comprendre pour accompagner la personne en souffrance, sur un plan personnel comprendre, ne présuppose pas devoir tout accepter.

Nous devons « *nous devrions* **» à un certain moment dans notre vie d'adulte démystifier le tout pouvoir du parent, il y a le positif en chaque individu, mais aussi des blessures qui lui donnent des dysfonctionnements que nous subissons en tant qu'enfant, ce côté négatif, il nous appartient de nous en différencier pour nous en débarrasser, sans haine ni passion.**

Pour accompagner une personne, il faut lui donner la possibilité d'être entendue dans sa souffrance, partie de la relation thérapeutique la plus importante, pour lui permettre de faire le chemin de pacification de ses blessures.

Dans ce processus de reconstruction de la vision de ce qu'il est, de retrouver ce sentiment d'estime de soi, la personne peut

à ce moment-là, se permettre de regarder ses parents avec un regard d'adulte qui peut trier le positif du négatif sans subir ce négatif, voire de le redonner au système, sans haine ni passion, ce qui montrerait encore la dépendance de l'enfant qui attend de la reconnaissance.

8°. Le désir de l'homme et de la femme d'avoir un enfant.

(Pour être dans l'obéissance consciente ou inconsciente du besoin des parents de l'un ou de l'autre du couple voire des deux)

« Cette situation relationnelle, comme les autres situations, met en scène l'obéissance des enfants à la souffrance du clan d'appartenance. Mais à la différence que là, c'est un héritage en correspondance avec une souffrance occasionnée par le décès d'un enfant ou d'une mère qui a laissé un enfant orphelin très jeune. La famille dans ce genre de situation peut rester bloquée dans une des phases du deuil et les enfants vont tout mettre en œuvre pour réparer leurs blessures ».

Il nous faut comprendre la logique d'une famille qui perd un enfant, la souffrance est là, elle est immense, pour traverser cette épreuve la solidité du couple est primordiale.

Si les parents sont déjà dans un héritage où la souffrance est restée comme un thème majeur, la difficulté va se perpétuer dans les générations futures.

Notre façon de réagir face à la perte d'un être cher, est largement déterminée par la manière dont nous avons vécu cette phase de séparation de notre mère, entre 6 mois et 3 ans et aussi comment nos parents et nos ancêtres ont vécu les décès de leur clan.

Il y a des familles qui face à la souffrance de la perte, vont se replier sur elles-mêmes, elles se raccrochent les uns aux autres, sans pouvoir s'aider, la souffrance devient un vecteur d'appartenance, ce genre de famille peut entraîner ses membres dans des maladies dépressives.

La souffrance qui peut ramener les membres d'une famille à se ressouder, peut faire dans l'inverse une forme d'éclatement où les membres se reprochent mutuellement leur mal-être, ils se retrouvent esseulés avec une recherche de compenser le vide par des comportements ou prise de produits pour masquer le manque.

Faire le deuil, c'est s'abandonner pleinement, totalement à sa douleur pour pouvoir reconstruire.

La tentation d'évitement de la souffrance, en choisissant de se détacher, de ne pas être investi dans la relation, plutôt que de vivre la séparation.

Le deuil est un processus de vie qui cicatrise les blessures par une succession de phases.

Il y a six phases principales dans le processus de deuil.

1. Le déni : *En prétextant que la perte n'existe pas refus de la vérité, de la réalité.*

2. Contestation : *But, comme un enfant qui veut faire revenir l'objet perdu.*

(irritation ou colère) *Ne pas interrompre cette phase*

3. Tristesse - Dépression : *Souffrance.*
Accepter d'être impuissant - Ne pas s'accaparer leur souffrance

4. Peur : *Peur d'être abandonné, d'être rejeté.*

5. Marchandage : *Si je fais cela, je vais guérir.*

La famille qui reste bloquée sur une de ces phases, va générer des comportements pour légitimer sa vision du monde.

6. Acceptation : *Envisage un autre but, projet, se réconcilier avec elle-même, les autres.*

La famille qui reste bloquée sur une de ces phases, va générer des comportements pour légitimer sa vision du monde, voici quelques pistes pour comprendre ce que le système met en place pour essayer de diminuer ou légitimer la souffrance de la perte d'un être chère.

L'enfant, qui est témoin de la souffrance des parents, parfois plus exprimée et mise en scène par la mère, va se sentir oublié, comme transparent, avec en plus en fonction de son âge être accusé de ce qui arrive, mais le plus souvent le sentiment qu'il est coupable de vivre, il aura une interdiction formulée ou pas, de ne pas rire, de ne pas courir, de ne pas chanter, de ne pas se plaindre, il se met en pause.

Il se retrouve sous une chape de plomb, comme s'il devait vivre dans une église, une coutume qui se fait de moins en moins, quand il y avait un décès dans une famille et que la famille veillait son mort, les services des pompes funèbres mettaient sur la façade autour de la porte d'entrée, un drap noir, pour avertir le voisinage qu'il y avait une famille en deuil et qu'il devait se mettre au diapason.

L'enfant ne peut pas dire que ses parents sont responsables de sa souffrance, il va retourner sur lui la responsabilité de son mal-être et tout mettre en œuvre pour essayer de se faire aimer en aidant ses parents en souffrance, il va développer une capacité à faire, à être le gentil enfant qui aide cette pauvre maman, il va se nier pour prendre une fonction, reportez-vous à la page 70 et 71.

Dans une fratrie, chaque enfant va se déterminer dans un rôle avec une fonction particulière pour aider les adultes en souffrance.

Il va prendre la place de la mère pour faire la cuisine, le ménage, s'occuper des plus jeunes, faire les courses, répondre aux demandes de l'environnement social ou aussi tomber malade. C'est comme une façon de détourner l'attention vers un ailleurs, de faire des bêtises, attirer l'attention des personnes extérieures à la famille pour que l'on prenne la mesure de la souffrance du ou des parents. Toutes ces postures sont bien sûr dépendantes de l'impact de ce décès sur les adultes présents, chacun prend un rôle en fonction de son âge.

Devenus adultes, les enfants vont se répartir des rôles, toujours avec un sous-entendu, essayer de répondre à la souffrance du système, la souffrance devient le thème premier et va générer les actions.

Un enfant peut devenir un bâton de vieillesse, un tanguy, il peut devenir handicapé pour rester avec la mère, toute séparation peut être vécue comme inacceptable.

Un autre enfant peut se mettre en devenir de partir loin, de couper parfois complètement avec la famille, pour inconsciemment rester loyal avec le fait d'entretenir la souffrance de la perte.

Et ses enfants devenus adultes vont aller chercher des enfants adoptables dans leurs conjoints, toujours dans la démarche de remplacer la perte première et bien sûr d'espérer que la mère sortira de sa souffrance et qu'elle pourra prendre en compte la souffrance de ses enfants.

La situation suivante met en scène la problématique d'un homme qui se trouve être l'enfant de remplacement d'un enfant décédé dans la génération au-dessus.

Sa mère vient d'une fratrie où il y a eu deux enfants décédés à la naissance, devenue adulte, elle va faire un enfant toute seule, elle n'informe pas le géniteur, cet enfant elle va le donner à sa mère, le prétexte c'est qu'elle a besoin de travailler.

Sa mère trois ans plus tard va se marier avec un homme qui lui est en rupture avec sa famille, il va reconnaître l'enfant par le mariage, mais sa mère le laissera chez les grands-parents, la vie continue.

L'arrivée d'un fils dans le couple, un petit frère, va le mettre dans une posture d'injustice, mais il ne pourra pas le dire, il va enfouir son ressentiment dans un coin de sa tête, faire une amnésie de survie, il va continuer à vivre chez les grands-parents, il ne va chez sa mère que pendant les vacances.

Il va dans son parcours scolaire se retrouver toujours du côté des plus faibles à les défendre, il avait en horreur l'injustice, ses études vont être naturellement orientées pour réparer les blessures des gens qui ont vécu des injustices, il va se retrouver dans une profession en lien avec la loi.

En se mariant, il va trouver un équilibre dans sa relation de couple, l'arrivée d'un enfant le remplit de joie, ce premier enfant conforte une part de sa souffrance, cet enfant était dans une famille normale.

L'arrivée d'un second enfant dans la famille, fait remonter les émotions liées aux sentiments d'abandon et à l'injustice qu'il avait vécue à l'arrivée de son frère. (*Dans son activité tournée vers la souffrance des autres, il ne voyait pas la sienne, elle motivait ses actions sans qu'il en soit conscient*).

L'arrivée de son deuxième enfant, l'a déstabilisé, il se mettait en situation d'être injuste vis-à-vis de lui ; il prenait la défense de son aîné dans tous les actes où il y avait une friction entre les frères.

Sa femme lui disait qu'il était injuste, mais il ne pouvait pas l'entendre, lui le défenseur des victimes, il y a eu un conflit entre les deux frères, vécu par lui comme une injustice encore plus forte, cela lui a fait comme un électrochoc, prise de conscience de son histoire, d'où sa venue pour comprendre et aussi pour se sortir de ce piège d'être passé de l'autre côté, de faire vivre de l'injustice en plus à son enfant.

(Cette situation relationnelle met en évidence que notre souffrance quand elle n'est pas présente à notre esprit, nous met en situation de subir le contexte dans lequel nous sommes, et donc, d'en être victime, victime de soi-même mais aussi et l'exemple met bien en évidence comment ce père tout tourné dans la défense des opprimés, devenait dans sa propre famille, le personnage qu'il pointait dans la société comme étant l'agresseur.

Pour son inconscient, ses enfants le représentaient avec son frère, son aîné, c'était lui et son deuxième fils, représentait son petit frère, qui par sa présence mettait en évidence par sa place, d'être exclu, séparé de sa mère, d'où sa pugnacité à défendre son aîné et malheureusement d'être injuste avec son deuxième).

9°. Le désir de l'homme et de la femme d'avoir un enfant. *(Qui, ce désir devient un besoin planifié dans une tranche d'âge)*

C'est un couple qui vient consulter pour comprendre leur impossibilité à communiquer sur les points importants de leur vie de couple, ils sont chacun dans leur vision du monde.

Ils sont ensemble depuis la FAC, mariés depuis 16 ans et ils ont deux enfants, un fils de 3 ans et une fille de 1 an, pendant 15 ans ils se sont consacrés à réussir leur vie professionnelle.

Ils sont toujours dans une forme de compétition, chacun essaye d'être le plus performant, comme s'ils étaient toujours dans une perpétuelle lutte pour être le meilleur, le premier.

Arrivés à une certaine réussite sociale, ils se retrouvent tous les deux dans des responsabilités équivalentes, chacun dans leur société respective, liés à un projet important avec une équipe sous leurs ordres.

Cette forme de réussite les met dans un manque de stimulation, le projet de faire des enfants devient une nouvelle mission qu'ils se donnent tous les deux, mais pas pour les mêmes raisons.

Lui vient d'une famille où son père est devenu orphelin à 6 ans, le manque de père est un héritage qu'il porte, avec un paradoxe, il doit être pertinent, le premier, ce qu'il a fait dans sa vie professionnelle et en même temps il doit rester en retrait, dans la fonction père, devenir père et ne pas dépasser son père qui vit avec un manque d'estime, une image négative de lui-même, le grand-père est resté un mythe.

(un deuil non fait met le personnage comme un fantôme sur son trône, ce qui empêche toute autre personne de prendre la même place)

Elle, vient d'une famille où ses grands-parents des deux côtés ont perdu des enfants à bas âge. Elle est dans l'héritage de faire des enfants pour réparer les blessures et pour cela elle doit être une mère.

En même temps, elle a hérité de la souffrance de ses parents, d'avoir été ignorés, d'être transparents, les morts étaient plus importants que les vivants.

Elle doit avoir des enfants pour permettre à sa mère de réparer la souffrance de la grand-mère, mais pour cela elle doit rester en retrait dans sa fonction mère.

(Ils ont hérité tous les deux d'une même problématique, il y a un fantôme qui a empêché les parents de prendre une place à part entière, donc les parents ont eu besoin de se réaliser à travers les enfants, qui eux héritent de cette dualité, réussir à amener une réussite sociale pour montrer que les parents ont été de bons parents et une forme d'échec ou de moindre réussite comme parent pour ne pas dépasser les leurs.)

Ils viennent car ils sont dans une crise, ils se reprochent mutuellement leur incompétence en tant que parent et que l'autre ne fait rien pour l'aider dans sa fonction. Ils ne se sentent pas pris en compte, pas valorisés, ils retrouvent à travers cette fonction parentale, toute la problématique familiale, mais aussi leur propre manque de reconnaissance de l'individu qu'ils sont, de leur Être.
Ils sont dans une phase de reconnexion de leur souffrance d'enfant, ce qu'ils n'ont pu dire à leurs parents, ils se le reprochent maintenant.

Nous retrouvons le principe de non-communication, la C.I.A, chacun se retrouve dans ses émotions et regarde les faits à travers ce filtre particulier, sa souffrance.

La résolution de cette problématique relationnelle, ne peut se faire qu'à travers une reconnaissance de leur souffrance d'enfant. Prendre en compte leur mal-être, la place d'un tiers est une possibilité, la difficulté reste que chacun attend cette reconnaissance de la seule personne qui ne la donne pas.

10°. Le désir de l'homme et de la femme d'avoir un enfant.
(Cet enfant va s'inscrire dans une rencontre de deux êtres qui s'aiment et sa venue se fera en son temps)

Le couple dans sa rencontre, fait un parcours de vie où le lien affectif est le ciment du couple, dans cette unité affective l'arrivée d'un enfant ne va pas détruire cet équilibre.

L'enfant va pouvoir s'épanouir sans problème majeur, il aura un acquis affectif qui lui permettra de faire face aux événements que la vie mettra sur sa route.

Mais ce qui reste le plus important, c'est la lecture émotionnelle que les parents donnent des événements de la vie. Cela deviendra la ressource que l'enfant pourra mettre en œuvre dans les phases difficiles de sa vie.

Nous venons de voir comment un couple, homme femme se forme, comment un enfant arrive au monde et de quoi il est déjà chargé.

Les exemples que nous avons pu regarder ne sont pas exhaustifs, je vais vous proposer une continuité des conséquences de ces rencontres particulières sur les enfants.

L'enfant et le hoquet

Un homme me téléphone pour me demander un rendez-vous en urgence pour aider son fils de 11 ans, devant sa demande pressante, je lui trouve un créneau assez rapide.

Quand je les reçois, le couple me dit leur inquiétude pour leur fils. Il éructe, un hoquet qui fait du bruit au point qu'il dérange toute la classe, cette éructation sonore se produit depuis trois ans dans l'école primaire. Il était accepté avec sa problématique.

Quand il est arrivé au collège en sixième, les professeurs ont tiré la sonnette d'alarme, en demandant aux parents qu'ils fassent quelque chose pour aider leur enfant et surtout qu'il arrête de déranger les classes par son comportement.

Après avoir essayé par des médicaments, sans effet, ils se sont tournés vers une approche psychologique, d'où leur venue dans mon cabinet.

Quand je leur ai demandé depuis quand leur fils avait ce trouble, ils me donnèrent une date approximative, je leur ai demandé si un événement important s'était passé à cette période-là, ils n'avaient aucun souvenir de faits marquants.

La problématique de cet enfant me faisait penser à une forme d'étouffement, comme s'il manquait d'air, en leur disant mon interrogation cela leur a fait penser à un événement que le père avait vécu, il avait failli se noyer en se baignant en mer, il avait passé une journée à l'hôpital.

L'enfant avait subi l'angoisse de sa mère, la peur de voir mourir son père, il avait été comme abandonné pendant cette période incertaine, il était resté en pause, sur l'expectative, les parents eux, avaient mis cet épisode, où ils avaient eu peur, dans une forme d'amnésie, ***(nous oublions ce qui est dérangeant, mais notre corps n'oublie pas).***

La rencontre suivante l'enfant n'avait plus sa problématique et toute la famille avait le sourire, le fait de parler de cet événement a servi à chacun pour dire ce qu'il avait vécu et les parents ont pu prendre conscience qu'ils avaient oublié leur fils, faire la paix avec ce souvenir, démystifier cet événement et passer à quelque chose d'autre.

Le fils quelques semaines après, demande à son père de reprendre rendez-vous, sans dire le pourquoi, devant l'air décidé de leur fils et de peur qu'il soit à nouveau déstabilisé, ils sont venus, j'ai reçu ce couple un peu désorienté et nous nous sommes tournés vers leur enfant.

Cet enfant avec un grand sérieux me regarde et me demande en regardant ses parents : Est-ce qu'ils sont guéris ?

Cet enfant avait vécu une insécurité avec ses parents, il avait perdu confiance en eux, il avait besoin d'être rassuré, d'où sa demande, j'ai pu lui donner l'assurance que ses parents avaient compris, qu'ils avaient trouvé des réponses à leur souffrance et qu'ils pourraient maintenant faire face à toutes les situations, qu'il pouvait redevenir un enfant insouciant, ses parents étaient là, ils géraient.

Pour le rassurer et le déprogrammer, je lui ai donné une de mes cartes en lui disant que s'il avait besoin, il pouvait me téléphoner.

« Nous pouvons voir comment la souffrance des parents peut avoir une incidence sur les actes et sur la vision du monde de

l'enfant, comment cette famille a été déstabilisée par un événement angoissant, mais aussi comment cette famille a pu retrouver un équilibre relationnel rapidement grâce à leur capacité à dire et démontrer leur amour entre eux, ils ont pu comprendre leur erreur et en faire une ressource en se repositionnant ».

L'enfant et l'araignée

Une mère vient avec son fils de 3 ans, cette maman était assez perturbée, après la prise de contact, elle me dit qu'elle venait pour comprendre pourquoi son fils mangeait les araignées et surtout pour qu'il arrête.

Sa façon d'en parler, montrait qu'elle était angoissée de parler de ce sujet.

Je lui demandais si elle en avait peur, elle me dit que oui, pour elle, c'était inimaginable, si elle en voyait une, il fallait qu'elle monte dans une chaise, c'était la panique, elle ne pouvait pas se contrôler.

Je lui ai expliqué que son enfant était encore proche de ce qu'on appelle, le moi-bouche, il ne connaissait pas la différence entre le propre et le sale, le bien et le mal, il voyait sa mère qui avait peur de cette petite chose, il l'enlevait, il faisait disparaître le problème.

Il devenait le héros de sa mère, si elle avait eu une angoisse vis-à-vis d'un bruit extérieur, son fils aurait eu de l'angoisse vis-à-vis d'un bruit, de la nuit, d'une araignée…

L'angoisse est toujours le fait d'un parent qui par son comportement, fait subir à son enfant de l'insécurité, l'enfant subit cette ambiance sans pouvoir décoder que c'est son parent qui en est responsable, il va donc détourner cette image négative en prenant un support qui va légitimer l'insécurité.

Cette lecture des faits a permis à cette maman de regarder autrement ses peurs *(terme inadapté, car il n'y avait pas de danger)* donc ses angoisses et surtout de pouvoir regarder là, où elle avait appris à être insécurisée *(dans son enfance à côté d'un parent insécurisant).*

Cette maman a pu démystifier ses peurs *(angoisses)* en regardant la réalité de son vécu, elle a pu comprendre qu'en conservant son angoisse cela lui permettait de ne pas juger sa mère *(ou son père)* de la garder comme une mère parfaite, encore avec ses yeux de petite fille, cette prise de conscience allait lui permettre d'arrêter de faire suivre cet héritage.

L'enfant aux deux visages

C'est une institutrice qui me demande comment aider un de ses élèves de 9 ans, il est dans sa classe et il est dans les meilleurs, toujours le premier à donner la bonne réponse, la tenue de ses cahiers est parfaite, c'est l'élève parfait et elle me dit qu'elle aimerait avoir tous ses élèves comme lui car il valorise par ses réussites l'enseignant.

Mais il a un autre visage et là elle ne comprend pas, ce n'est pas le même enfant, les devoirs et les leçons qu'il doit faire chez lui sont l'inverse de ce qu'il fait à l'école, les leçons ne sont pas apprises et les cahiers sont tachés déchirés.

Devant cette différence, elle me dit, qu'elle a fait venir sa mère pour voir si ce comportement est consécutif à une ambiance particulière dans la famille.

Quand elle reçoit la maman, celle-ci lui dit qu'elle fait tout pour que son fils sache ses leçons, elle lui dit qu'elle prend le temps d'apprendre les devoirs pour mieux accompagner son enfant.

Je lui ai demandé, si cette famille était d'un milieu défavorisé, ce qu'elle m'a confirmé, cette maman n'avait pas pu suivre une scolarité normale.

Cet enfant avait hérité de l'image négative que la société avait posée sur sa famille, la honte en était malheureusement l'héritage, cet enfant à l'école voulait montrer que sa famille était digne de respect, il se faisait respecter en étant le premier de sa classe, il redonnait l'honneur à sa famille.

Chez lui, il se mettait en échec pour se mettre dessous sa mère, ainsi il lui redonnait le pouvoir d'apprendre, il était piégé dans cette double contrainte.

« Comprendre cette histoire, c'est regarder plus loin que le visible, pour appréhender le processus inhérent à tout système, il ne faut pas négliger le pouvoir du jugement que nous pouvons porter sur soi ou sur les autres, invalidation ou accusation que « la société » porte sur nous ou sur certaines personnes et aussi la conséquence de ces jugements et accusations sur l'individu et sur ses descendants, la honte ou l'invalidation, que chacun porte à sa façon ».

L'enfant et le pipi au lit

L'enfant qui continue de faire pipi au lit, au-delà de deux ans, peut de cette façon envoyer un message à sa famille.

Il y a plusieurs causes possibles :

Pipi au lit *(l'enfant qui ne veut pas grandir)*

Il peut être piégé dans un héritage familial, lié à un enfant décédé, tous changements de statut ramènent la souffrance associée à la mort, pour une mère qui est issue de ce genre de famille. Elle envoie à son enfant son angoisse de la séparation, *(à partir de deux ans, il peut aller en classe de maternelle)*, l'enfant va y répondre en restant dans le stade bébé. La mère bien sûr ne sait pas toujours qu'elle envoie un message paradoxal, elle peut tout faire pour que son enfant soit propre, ce qu'il peut faire dans la journée et pas la nuit, voire l'inverse.

Pipi au lit *(l'enfant qui veut se protéger)*

L'enfant peut vivre dans un conteste anxiogène, insécurisant, il va rester dans une tension musculaire de protection, il se retient, il ne peut pas se lâcher, s'abandonner, trop dans l'angoisse de ce qui peut arriver et dès qu'il est dans le sommeil profond, ses muscles et aussi ses sphincters se détendent, ce qu'il a retenu, se libère.

L'enfant peut aussi baliser son territoire s'il se sent en danger, envahi dans son espace intime, étouffé, pas respecté, de vivre l'inceste ou de sentir un risque d'inceste.

Son enfant de neuf ans (c'est la mère qui raconte) est toujours énurétique, ce qu'elle me raconte de leur façon de vivre, ne semble pas faire problème, ils sont apparemment dans du relationnel cohérent, donc les causes sont ailleurs.

En investiguant dans l'histoire de leur famille, ce qui est apparu, c'est l'enfance du père. Quand il avait presque huit ans, ses parents se sont séparés, son frère, de cinq ans plus vieux, avait été dans cette tourmente familiale, à se défouler sur lui, avec des comportements de manipulations et des jeux sexuels, surtout le soir quand ils n'étaient que tous les deux dans leur chambre.

Il reste encore affecté de ce souvenir : ce frère, (oncle), est décédé avant la naissance de l'enfant en se suicidant, il avait été reconnu comme étant schizophrène.

Elle me dit, qu'avec son mari ils sont dans une crise de couple et ils s'évitent pour ne pas faire subir leur conflit à leur enfant.

Ce que nous pouvons faire comme hypothèse, c'est que cet enfant, qui était aussi le second de la fratrie, avec une date de naissance identique à son père *(bien sûr, pas l'année)* il avait reçu l'angoisse de ce père, sur l'insécurité et l'agression qu'il avait vécu dans sa chambre la nuit. (*il répondait à cette angoisse par l'énurésie).*

Cette maman très consciente de ce qu'avait enduré son mari, elle avait connu son beau-frère, elle a pu lui permettre de prendre en compte ce souvenir, de l'aider dans un accompagnement de compréhension pour évacuer cette blessure et éviter qu'elle ne devienne un présent angoissant pour leur fils.

Ce qui fut fait, le couple retrouva un équilibre, la crise était passée. Le souvenir du père qui avait été réactivé par l'âge de son fils, pu être démystifié, le père bénéficia en premier d'une libération de son esprit, car ce souvenir venait très régulièrement le hanter. Mais il avait appris à faire avec, à oublier, mais le message était passé, en second son fils put retrouver des nuits plus paisibles et surtout une image du garçon qu'il était, plus dans la norme, car malheureusement il portait le poids de la honte. Il ne pouvait pas dormir chez un copain, ni partir en voyage scolaire, il était jusqu'à présent, stigmatisé par ce problème et il se renfermait, devenait réactif, faisait tout pour se faire jeter.

« Nous pouvons voir, là aussi comment un enfant pour survivre, peut oublier ce qu'il ne peut pas changer, ni dire à ses parents, cette amnésie de survie n'est oubliée que pour le conscient, l'inconscient continue de subir cette blessure non résolue et bien sûr d'en faire profiter ses enfants. Ce qui n'est pas traité dans l'instant, devient un problème, mais aussi comme un bien précieux que nous transmettons aux générations futures »

Pipi au lit *(l'enfant qui veut se protéger)*

Le vécu d'un enfant de 11 ans qui se retrouve encore à faire pipi au lit.

Cette histoire est racontée par son frère qui a 8 ans de plus, il est dans une formation pour devenir éducateur de jeunes enfants, sa formation lui donne un regard d'analyse sur sa famille, il voit son frère en difficulté qui vit très mal son problème d'énurésie, lui il est en train d'apprendre et il a envie d'aider son petit frère, mais il ne voit pas comment faire, d'où sa venue pour demander conseil.

Sa famille, il y a son frère, lui et ses deux parents, ses parents travaillent beaucoup, son père vient d'une famille de huit enfants il en est le dernier, il a été élevé chez ses grands-parents, il est un père absent, sa mère vient d'une famille de six enfants, elle en est la seconde, elle s'est occupée de ses frères et sœurs.

Lui il a été élevé chez la sœur aînée de sa mère, il y a dans l'héritage familial une souffrance liée à l'abandon, au manque de la mère.

Il prend conscience que son frère est dépendant de sa mère ; elle le prend en charge comme un bébé, elle le lave, elle commence à le raser, la seule protection vis-à-vis de cette mère envahissante et castratrice qu'il ait pu trouver, c'est l'énurésie, il est au moins sûr dans son lit, d'être seul.

Il va rentrer en sixième et il a demandé à son frère de l'aider à se libérer de l'emprise de sa mère, elle juge le père et les hommes comme des machos, ils ne sont pas fiables, elle a un comportement hystérique, son petit frère voit son départ en 6e comme une opportunité de se sauver, d'où la demande d'aide à son frère.

« La compréhension de ce vécu particulier, met en évidence à nouveau, comment l'impact du comportement des parents induit chez l'enfant un processus de survie, faire avec.

Le fonctionnement du père absent répond à deux niveaux, pour son histoire, il ne peut pas être en lien avec les gens importants, sa femme, la mère de ses enfants, il reproduit son histoire en acceptant qu'un enfant soit mis à l'extérieur, son aîné, le second prend une place à côté de sa mère, il permet à un enfant de vivre ce qu'il n'a pas vécu.

Pour la mère, plus complexe, le fils aîné n'a pas accès aux informations, ce qui reste visible, c'est le rejet de l'homme par cette mère, son comportement avec son deuxième fils ressemble à une forme de revanche, prendre du pouvoir sur le fils de l'homme, castrer le futur macho ».

L'enfant et l'encoprésie

Une femme vient me voir pour une anxiété qui l'encombre, inquiétude pour sa fille et son beau-fils, elle s'est mariée avec un homme qui avait déjà un fils de 7 ans. Ensemble ils ont une fille qui a maintenant 3 ans, l'entrée de sa fille en maternelle la rend anxieuse, elle est très protectrice pour sa fille, au point d'être dans une proximité fusionnelle. Elle le reconnaît mais n'arrive pas à faire autrement, trop dans son besoin de la protéger, elle m'avoue que dans sa famille il y avait un problème de frontière, sa sœur avait été agressée sexuellement par un voisin et elle avait peur qu'il arrive quelque chose d'identique à sa fille.

Elle est très stricte aussi avec son beau-fils, il a 11 ans maintenant, son anxiété déborde, elle est toujours derrière lui, elle a peur pour lui, il a un comportement depuis quelques mois qu'elle n'arrive pas à comprendre, elle se sent incompétente à le résoudre ce qui amplifie la pression qu'elle met, il a de l'encoprésie dans la journée à l'école.

Elle est en désaccord avec son mari qui se désinvestit de sa fonction père, il lui laisse toute la responsabilité et la gestion des deux enfants, il se réfugie dans son travail, elle ne se sent pas soutenue, ni rassurée.

« Cet enfant essayait de contrôler le débordement de sa belle-mère, il retenait de cette façon le désaccord des adultes, il était prisonnier du conflit non exprimé, hors de chez lui, il se relâchait ».

L'encoprésie peut-être la conséquence d'autres causes, entre autres avec la pédophilie.

L'enfant et la constipation

Une maman vient, pour comprendre ce qui arrive à sa fille de 2 ans, son entrée en maternelle ravive un sujet difficile qui met cette maman en échec. Les personnels de l'école l'ont interpellée pour attirer son attention vis-à-vis du comportement de sa fille avec la nourriture.

Elle me dit, que sa fille est très difficile à nourrir et cela depuis qu'elle a 1 mois, en plus ce qui vient se surajouter, elle est constipée, ce qu'il l'oblige d'avoir encore plus de vigilance pour que cela ne se chronicise pas.

Deux sujets délicats pour cette maman qui a déjà tout essayé pour l'aider, elle ressent comme une mise en accusation, de ne pas être une bonne mère, sentiment d'impuissance et de la culpabilité avec en plus la honte d'être pointée du doigt.

Elle est allée voir plusieurs médecins qui lui renvoyaient toujours la même chose, que sa fille était dans une courbe basse, poids et taille, mais qui restait normale et que cela allait se résoudre tout seul, qu'il ne fallait pas la forcer, qu'un enfant ne se laisse pas mourir de faim, cela se confirmait, elle était en bonne santé, mais ce discours ne la rassurait pas, elle était toujours inquiète.

Mais pour cette maman, elle sentait sa fille dans un refus, comme si elle était à faire volontairement un bras de fer avec elle, que cela soit pour se nourrir ou pour aller à la selle, elle était toujours à stimuler sa fille sur ses deux niveaux.

En rentrant dans l'histoire de cette maman, le thème recherché était, de ne pas se mettre à table *(ne pas dire, devoir se taire)*, de la difficulté à avaler, à digérer *(événement familial dérangeant)*, à accepter sur un plan concret ou symbolique un événement qui aurait pu être mal vécu par cette mère ou de l'héritage familial.

En parcourant son histoire, elle a pu faire remonter un souvenir enfoui, quelque chose qu'elle avait subi très jeune, elle avait un mois quand son père instituteur, avait été accusé d'être un prédateur pédophile sur les filles de sa classe, il y avait eu un procès et le père envoyé en prison, sa mère s'était séparée du père et avait divorcé.

Aidée par sa mère, elle a pu reprendre le cours de ce qui s'était passé dans cette période tumultueuse pour la famille en général. Sa mère également institutrice avait pris la décision de changer de région, le regard des parents d'élèves était trop dur à porter, elle subissait le poids de la culpabilité et de la honte d'être restée aveugle aux agissements de son mari.

Sa mère a pu lui dire les conséquences pour elle. Sa mère en faisait le lien maintenant; elle avait eu une difficulté à manger, jusque vers ses sept ans, avec une constipation qui avait duré plusieurs années. Elle était toujours fragile en ce qui concerne son transit, elle somatisait facilement à la moindre contrariété.

« À nouveau, nous voyons la conséquence d'une situation non acceptée par un parent, qui ne prend pas en compte les répercussions sur son enfant, même et surtout s'il est tout petit, comment il y a une résonance des faits, qui à tout moment, peuvent être réactivés ».

« Dans ce vécu familial, le mimétisme vient comme un scénario bien rôdé, remettre la souffrance de la mère de cette petite, sur le devant de la scène ».

« Tous les ingrédients sont là, l'école <u>égale danger</u>, la réponse de la mère à l'angoisse de sa propre mère, <u>constipation</u>, <u>se taire</u>, <u>ne pas se mettre à table</u>, la petite fille répondait point par point au scénario de la famille, sa mère petite fille avait complètement associé physiologiquement le refus de sa mère d'accepter, d'avaler, de garder le secret, garder pour soi, d'où la retenue ».

<u>Le conte de Pinocchio</u>

Pinocchio est un personnage sorti de l'imagination de Carlo Collodi, avec son père Geppetto et Jiminy Cricket le grillon, sa conscience.

L'histoire de Pinocchio peut nous donner une lecture de comment un parent fait son enfant à son image et lui donne un héritage de toute une lignée familiale. L'enfant va avoir, grâce et à cause de cet héritage, un comportement qui en découle.

Nous sommes, comme cette marionnette, dépendants de ce passé familial qui nous mobilise. Nous nous croyons libres, mais nous obéissons à cette programmation qui nous manipule, nous sommes des marionnettes avec plus ou moins de fils qui nous entravent.

Quand la conscience commence à prendre plus de place, surtout pendant la période de préadolescence et d'adolescence, l'enfant est dans une pulsion de vie, poussé par sa transformation hormonale, il est tenté par toutes stimulations qui viendraient lui permettre de faire des découvertes. Il est tributaire de son environnement à ce moment-là, pour le guider vers le sens de la vie, le rôle des parents est primordial pour l'accompagner sans le juger, il a besoin d'être canalisé et d'être aimé pour accepter les limites de la société dans laquelle il vit.

Comment dans la phase où l'enfant arrive dans sa capacité de réflexion, vers 7 ans, il se retrouve dans une dualité où la morale judéo-chrétienne a donné sa trame, l'obéissance à des règles morales et une éducation sociétale structurée, d'un autre côté sa part enfant qui dans son besoin d'exprimer son potentiel, il est dans la pulsion de vie qui le fait grandir et rechercher des limites, s'il ne les trouve pas « ces limites » il va être manipulé par ses pulsions.

L'histoire raconte comment Pinocchio, comme beaucoup d'enfants, est attiré par toutes les nouvelles formes de stimulations, par le rêve et la facilité de l'amusement, faire des découvertes, fuir les contraintes, rechercher un leader pour le sécuriser et valider ses expériences. S'il ne le trouve pas dans ses parents, il va être attiré par toutes personnes qui montrent une certaine assurance.

La présence de Jiminy Cricket le grillon, qui représente sa conscience, met bien en scène, notre difficulté dans notre posture d'enfant à pouvoir nous réguler, nous autogérer. La conscience prend de plus en plus de place, mais sans modèle signifiant, souvent elle reste sans effet et l'enfant sort de la norme, il fait des bêtises.

« Être adulte, présuppose, avoir en permanence notre conscience à côté de nous, comme le grillon sur l'épaule de Pinocchio, pour avoir un regard critique sur nos pensées qui sous-tendent nos actions. Si nous ne le faisons pas, nous restons dans la posture d'un enfant qui est régi par ses émotions et ses pulsions, nous restons ou nous devenons une marionnette comme Pinocchio. Nous subissons aussi le regard de jugement de notre environnement relationnel avec la honte et la culpabilité qui en découlent ».

L'ado et le passage à l'acte suicidaire

Un ado de 19 ans (jeune adulte) vient me voir après deux passages à l'acte, il se pend, son père le découvre et le sauve, il se retrouve à l'hôpital, il y reste quelques jours et voit un psychologue qui lui conseille de se faire suivre une fois sortie.

Une dizaine de jours plus tard, il refait un acte suicidaire, il prend des médicaments et se retrouve à nouveau à l'hôpital, il vient me voir à ce moment-là, accompagné par son père.

C'est le père qui raconte, je donne la parole à ce jeune, mais manifestement il est dans son monde, il est complètement endormi par les médicaments, il parle avec difficulté, il est comme déconnecté, dans son monde.

Le père me raconte les événements que son fils a vécus et lui aussi, car il a subi l'angoisse des événements qui viennent de se passer, deux ans avant ces deux épisodes, son fils a fait des bouffées délirantes mystiques, juste après les épreuves du bac qu'il a réussi, il a fait un passage en hôpital psychiatrique et les médecins l'ont diagnostiqué bipolaire, ils lui ont donné un traitement qu'il continue de prendre, selon ses dires.

Ce père continue à me raconter, qu'il se sentait impuissant à aider son fils, que cette période était pour lui, déjà difficile avec sa femme, qu'il y avait beaucoup de conflits entre eux et que cet événement a précipité la séparation du couple. Depuis cette date, son fils vit avec lui et il n'a plus de contact avec sa mère.

Il continue de déposer son fardeau, le besoin de dire est évident, il porte un mal-être qui le met dans une posture physique un peu voûtée.

Son ex-femme était très violente, souvent sous l'effet de l'alcool ; Il dit, elle était hystérique, car elle criait et manifestait des comportements anormaux, entre autre, elle a montré son sexe à son enfant qui avait alors six ans, le fils a eu par deux fois un acte d'auto agression avec un couteau.

« Ce jeune par son passé familial a hérité d'une souffrance qui aurait pu le maintenir dans une image invalidante de lui-même, apparemment le système familial en avait besoin, il a tout fait pour entretenir cette finalité, le parcours qu'il a dû faire, aidé par son père, lui a permis de retrouver une image plus positive de l'homme qu'il était, son père dans le parcours d'accompagnement en a profité lui aussi pour revaloriser à travers sa posture de père, son identité d'homme »

« Cette histoire peut nous montrer comment pour ce jeune, il y a peut être une cause entre ses passages à l'acte répétés et la souffrance manifestée de sa mère, la piste la plus visible peut faire penser que cette mère aurait pu subir une forme de violence sexuelle étant enfant, pour expliquer son acharnement à faire subir de la violence physique et sexuelle à son fils ».

« Le déclencheur de ces actes d'auto agression, se fait quand il se trouve en possibilité de partir, il a son bac, c'est un passage et un changement d'état. La première fois à six ans il y a une concordance possible, il rentrait dans la grande école, en CP. S'il y a dans la famille de sa mère une souffrance causée par une mort inacceptable, toutes les phases de changements peuvent proposer une somatisation plus ou moins importante d'un membre de cette famille ».

« Quand un enfant, se trouve dans une relation avec des parents qui montrent par leur souffrance un dysfonctionnement important, il ne peut que le subir sans pouvoir se plaindre. Il devient le héros qui s'oublie et essaye de palier aux insuffisances des parents, ou il porte le poids de la culpabilité, il n'est pas gentil puisque son parent le frappe, donc il va retourner sur lui la responsabilité en continuant d'être celui qui dysfonctionne. Il détourne par son action le regard sur lui, il se protège de juger et il protège son parent d'être jugé ».

L'ado et le vol & L'ado et le mensonge

Ce sont les parents qui viennent me parler de leur impuissance à canaliser leur fils de 16 ans qui manifestement leur vole de l'argent et ne veut pas le reconnaître, il invente des histoires de plus en plus abracadabrantes pour légitimer son innocence, il fait des crises de nerf.

Devant ces difficultés, les parents décident de le mettre en pension, il doit normalement rentrer en classe de seconde.

L'ado et la scarification

Leur fils refuse cette éventualité et pose un acte d'agression sur lui, il s'est scarifié les deux avants bras, suffisamment pour aller à l'hôpital se faire poser des points de sutures, ils sont atterrés par la réponse de leur fils, ils prennent peur, d'où leur venue pour essayer de comprendre ce qui l'a poussé à un acte aussi violent.

En regardant leur histoire et pourquoi cela arrive maintenant, nous pouvons voir comme un premier indice, qu'il doit passer en seconde, il avait déjà redoublé sa troisième, cela pose la piste de la séparation comme un problème, l'hypothèse que les parents formulent de le mettre en pension suppose une nouvelle séparation, un départ et c'est là où il pose cet acte d'agression sur lui.

L'histoire des parents vient compléter les informations qui peuvent étayer cette piste que la séparation, l'éloignement devient un problème majeur, voire inacceptable.

Le père est l'aîné de sa fratrie de trois, comme son père (grand-père du jeune) qui est devenu orphelin de père à 15 ans, il s'était retrouvé chargé d'une responsabilité familiale pour remplacer son père et il a dû arrêter ses études, trouver un travail pour aider sa mère.

Le père a donc hérité de ce manque, de la frustration de n'avoir pas fait des études, cette mission il l'a remplie en devenant professeur, mais l'héritage avait plusieurs niveaux, celui d'être un bon père, ce qu'il n'avait pas complètement assumé, il le reconnaissait, trop pris par son travail avec ses élèves.

La mère venait d'une famille où les parents avaient privilégié leur réussite professionnelle, ils avaient mis leur fille chez la grand-mère maternelle, elle ne voyait ses parents que pour les vacances d'été.

Cet enfant était au confluent de l'héritage de ses deux parents :

Pour son père, il retrouvait le schéma du père absent, il se devait de rester chez lui pour aider la mère, mais aussi ne pas prendre la place du père, il ne devait pas réussir dans les études, il avait hérité de la place (il avait le même âge) et de la mission du grand-père, il en était prisonnier.

Sa mère vivait toutes les séparations comme un abandon, elle revivait le manque affectif de son enfance, elle avait appris à attendre le retour de ses parents. Elle attendait le retour de son mari, avec un vécu émotionnel identique à son enfance, elle était triste, pas de joie, en fait, elle était depuis toujours dans un état de pause (dépressive), elle ne se remettait en mouvement qu'à la venue de ses parents. Le retour de son mari lui redonnait une stimulation, elle se remettait à vivre, le père en tirait une forme de pouvoir et de validation, il était le fils prodigue qui a rempli sa mission.

Pour la mère, il ressentait sa souffrance et son état dépressif, il ne pouvait pas partir sans devenir coupable de son mal-être, surtout que sa mère l'avait beaucoup investi, elle était dans cette fonction de maman poule, elle réparait le manque de lien mère-enfant, les deux histoires se complétaient pour faire un piège qu'il ne pouvait que subir, cette dualité, il l'a retournée vers lui.

« Nous pouvons voir comment là aussi la souffrance non prise en compte, devient un thème majeur que nous devons gérer sans en avoir la connaissance ».

« Pour cette famille la prise de conscience et la prise en compte de la souffrance de leur fils, a fait électrochoc, ils se sont réveillés à leurs propres émotionnels, à une perception différente des comportements de leur fils. Ils ne sont plus dans le reproche, mais dans la prise de conscience du sens que cela prenait, ils ont pu avoir

accès à leur propre souffrance, ce qui a permis à cette famille de rebondir vers un peu plus de conscience de la part émotionnelle de chacun, de l'exprimer et d'être entendu ».

L'ado qui s'empêche de grandir

Je reçois une famille, un couple avec quatre enfants, je vais savoir très vite que c'est une famille recomposée, c'est la femme qui raconte pour quoi ils sont là.

Cette femme était mariée, elle avait deux fils, quand le père a eu une opération très grave, tout s'était bien passé, mais il est décédé d'une rupture d'anévrisme dans la salle de réveil, toute la famille a été choquée, elle a décidé pour le corps de son mari, de faire une crémation et de garder l'urne funéraire chez elle.

Elle devait continuer d'assumer ses deux enfants et aussi son travail, les deux enfants ont passé beaucoup de temps avec leurs grands-parents qui n'avaient que ce fils.

Son aîné, c'est pour lui qu'ils viennent, il avait 11 ans, à l'époque, le second n'avait que 8 ans, elle continue de me raconter leur histoire, très vite son aîné est devenu le défenseur du souvenir du père, il avait pris l'urne dans sa chambre et il rappelait très régulièrement les paroles de son père, il prenait sa place.

La vie a continué ainsi pendant deux ans, jusqu'au jour où elle rencontre un homme et qu'ils décident de se marier, ils auront deux filles. Son fils aîné se met en opposition avec son beau-père, cela devient très vite insupportable, elle décide de mettre son fils en pension, il ne rentre que le week-end, mais il continue à poser des problèmes relationnels.

Ce fils va développer une tumeur, là où son père a eu sa rupture d'anévrisme, il s'est retrouvé dans le même hôpital, son système vital était mis en péril, il se laissait mourir.

Quand je les reçois le fils aîné a 17 ans, il n'a pas grandi, il a la taille d'un enfant de 11 ans et la physionomie d'une personne en fin de vie, il s'est mis en pause, le second a 14 ans, lui a grandi, il a la taille d'un adulte, le contraste est saisissant.

L'accompagnement de cette famille fut un moment important, chargé de beaucoup d'émotions ; je leur ai demandé de ramener l'urne en séance pour impliquer ce jeune sur un plan émotionnel (*ainsi que le reste de la famille*) de le repositionner dans le lien avec le souvenir de son père. Ce qui a permis de se remémorer les faits tels qu'ils s'étaient passés, que chacun puisse expliquer et dire comment il avait vécu ce moment-là. La possibilité de repartir de là où les membres de cette famille avaient pris comme solution de faire comme si la souffrance n'existait pas, de lisser le problème, ce jeune, lui, portait le poids de toute la souffrance familiale.

Toutes les personnes ont eu la possibilité d'échanger leurs ressentis, cette remise en contact émotionnel a permis à ce fils de pouvoir pleurer son père, d'aller dans les bras de sa mère, ce qu'il n'avait jamais pu faire depuis six ans, frontières entre le monde des morts et le monde des vivants.

Cette famille s'est autorisée à changer sa vision de la situation présente et passée, de ne plus être dans un jugement sur le comportement de ce jeune, de faire la démarche d'emmener l'urne dans un columbarium et surtout de permettre à ce jeune de sortir de cette place mortifère où il était le seul à porter la souffrance, de retrouver l'envie de vivre et à ses grands-parents de commencer leur processus de deuil.

Chacun avait repris sa part du souvenir et la part de souffrance qui y était rattachée, il n'était plus le seul à porter.

« Cette histoire, peut nous donner à réfléchir sur l'impact que les événements que nous vivons ont sur nous, au point d'interférer sur la structure même d'un programme vital ».

L'ado et l'alcool

L'alcool comme moyen d'exprimer l'inexprimable, le jeune que j'ai reçu, a 18 ans.

Sa mère est la deuxième de six enfants, elle a deux petits frères décédés vers un an.
Son père est le dernier de quatre, il a été élevé chez ses grands-parents.

Il est le seul enfant du couple.

L'héritage de ses deux parents, est basé principalement sur le manque et la séparation et la difficulté d'exprimer ses émotions.

Sa mère, à sa naissance, est tombée en dépression, pour elle la naissance égale la souffrance, elle avait vu sa mère souffrir au décès de ses deux enfants, elle n'avait pas été programmée pour accepter la naissance comme un événement heureux, le lien présuppose de l'attachement, la séparation rappelle la perte et la souffrance qui en découle.

Ce jeune a grandi avec cette croyance que la séparation n'était pas possible ou il y avait de la souffrance et en plus il serait coupable de faire souffrir sa mère.

Quand il est rentré au collège, le processus de séparation se mettait en place, sa mère lui rappelait régulièrement, qu'il lui manquait, elle était toujours derrière lui, à lui poser des questions, pour savoir ce qu'il faisait, s'il avait besoin de quelque chose, elle montrait son angoisse liée à la séparation et à la perte qui en découlait.

Dans cette dualité, au collège il était attiré par les jeunes qui montraient une forme de liberté, les exclus, les marginaux, tous ceux qui étaient en difficulté scolaire, avec eux il a goûté à l'herbe, mais surtout à l'alcool, beaucoup moins cher.

Il a toujours au cours de son parcours, collège et lycée, était dans la limite entre réussite et échec.

Quand il a eu son bac, il pouvait être libre et partir, mais le vécu familial l'a rattrapé, il a sombré dans l'alcool dur, avec des phases de plus en plus longues où il ne sortait plus, trop saoul pour se tenir debout, une façon de rejoindre les personnages décédés, il était ivre mort.

Ses parents dans cette période ont pris conscience de son glissement vers une forme de suicide, de non vie et aussi de sa souffrance, il y avait ce risque majeur au niveau de sa vie, ses parents l'ont accompagné pour lui permettre de faire une cure de désintoxication.

L'importance de sa dérive dans cette prise de produit, a permis à ses parents de réagir, non pas dans un mode reproche, ce qu'ils faisaient jusqu'à présent, mais dans un acte d'amour parental, la peur de voir mourir leur enfant, leur a permis de se repositionner.

« L'alcool n'est jamais le problème, mais la conséquence d'une souffrance qui remonte de l'enfance, qui a grandi dans un contexte relationnel, où il n'était pas possible de s'exprimer, de montrer. Parfois cette cause première, vient des générations antérieures et le mode de réponse a pu, être déjà l'alcool ».

L'ado et l'anorexie

C'est l'histoire d'une pré-ado de 11 ans, qui en l'espace de quelques semaines, a perdu 10 kg, ses parents devant cette perte énorme et le refus de leur fille de s'alimenter, et sur le conseil de leur médecin, l'ont emmenée à l'hôpital.

Elle y est restée quelques jours, les examens n'ont rien montré qui aurait pu légitimer le comportement de leur fille et comme sa santé n'était pas encore remise en cause, il a été conseillé aux parents de voir sur un choc émotionnel qui pourrait expliquer son comportement.

Je les reçois à ce moment-là, avec eux et bien sûr avec leur fille, nous essayons de voir les événements, dans la période où elle avait commencé à moins manger, ce qui aurait pu déstabiliser cette jeune fille.

Rien de visible ne fut trouvé, rien dont les parents et leur fille puissent se souvenir, ils n'avaient rien vécu avec une connotation négative ou traumatique.

Je leur ai proposé de regarder dans le vécu de leur famille, s'il n'y avait pas une date anniversaire ou tout autre événement qui pourrait donner du sens.

La séance suivante, ils sont revenus avec des informations sur leur famille respective :

La mère avait 11 ans quand sa mère a perdu un enfant, mort né.

Le père est issu d'une maman qui est devenue diabétique à sa naissance, elle a été aussi mise dans un camp de prisonnier avec sa mère pendant la dernière guerre, elle avait 11 ans.

Il y avait beaucoup de coïncidences sur les tranches d'âge de 11 ans :

La mère avait 11 ans quand sa mère perd un enfant.

La g-m avait 11 ans quand elle a été déportée, perte de liberté.

La fille avait 11 ans au début de sa perte de poids.

Parallèle entre sa rentrée au collège et le départ de la grand-mère dans un camp.

Elle avait la même date de naissance, jour et mois que sa g-m.

La grand-mère a pu dire qu'elle avait avec sa mère, manqué de nourriture pendant leur détention, que sa mère s'était privée pour donner sa part à sa fille.

La g-m en avait gardé un traumatisme, au point de devenir diabétique en ayant un enfant, il fallait qu'elle soit à la hauteur pour aider son enfant, sa mère avait mis la barre très haute.

Le parallèle entre tous ces points de convergences, a pu être déclencheur de cette forme d'anorexie, tout concorde pour valider cette lecture, cette jeune fille a retrouvé progressivement un rapport avec la nourriture plus réaliste.

« Les parents eux, ont posé des actes symboliques pour pacifier les blessures du passé ».

L'ado et le surpoids

Nous allons regarder deux cas où le surpoids peut avoir des causes différentes, mais qui s'appuie sur un même bras de levier, répondre aux stimulations du système familial.

Une ado de 17 ans qui a un surpoids de 20 kg, prise de poids progressive depuis 2 ans, qui correspond à son passage en seconde.

Cette jeune fille a eu un traitement pour ralentir son cycle hormonal, vers 7 ans, elle commençait sa puberté, les poils pubiens qui poussaient et les seins qui se formaient, associé à ce traitement, elle avait un régime pour maigrir.

Stress pour cette jeune fille qui avait un message paradoxal, il lui parvenait de sa famille, père et mère, qu'il fallait devenir mature très vite, car les enfants, surtout les filles, étaient en danger, son corps avait répondu à cet impute, le traitement et le régime venaient invalider le premier message.

Devenue femme, elle était toujours dans la continuité de ces deux informations, être une femme, c'est prendre le risque de se faire violer, il fallait être forte pour devoir se protéger, au sens symbolique, mais entendu sur un plan physique, ce qui aide l'autre partie de la consigne, ne pas être désirable, ou… ?

Le stress du manque de nourriture, conséquence du régime, mais aussi de manque affectif, lui donnait la légitimité à prendre dans l'excès de la nourriture.

Le manque affectif et la croyance que l'on ne peut que devenir une victime avaient programmé cette jeune fille dans cette dualité, où elle se retrouvait enfermée.

Cette jeune fille, de 17 ans, était avec un surpoids de 25 kg, elle vient d'une famille où sa mère était très perturbée sexuellement, elle mettait sa fille en offrande, elle s'offrait également aux hommes, pas de frontière corporelle, elle donnait à entendre à sa fille, qu'elle ne rencontrerait que des hommes castrés, elle invalidait l'image de l'homme.

Cette mère avait aussi un comportement sans limite avec l'argent, elle dépensait beaucoup, elle avait des dettes, sa fille a vécu dans cet univers insécurisant, sur un plan affectif, relationnel, sexuel, mais aussi matériel.

Elle a rencontré un jeune homme qui lui permet de répondre à toutes ses peurs, il n'est pas dangereux sexuellement, il serait plutôt « gentil », c'est elle qui dirige, contrôle le côté financier, elle garde tout, peur que l'autre fasse des dettes comme sa mère.

Pour être sécurisée, elle doit tout contrôler, elle est dans la boulimie du contrôle pour se rassurer, d'où la prise de poids, elle maintient sa protection aussi en se rendant non désirable, elle n'est pas coupable de se mettre en vitrine comme un produit de séduction, elle se rassure sur ces deux niveaux.

La conscience de ce qu'elle portait au sens propre et figuré, a permis de prendre un recul salutaire sur ces dangers qui étaient projectifs.

Son compagnon a pu sortir de la place d'enfant obéissant, dans laquelle il était avec sa mère, pour prendre une place d'homme.

« Ils ont pu tous les deux pacifier leurs peurs et les schémas familiaux qu'ils avaient hérités, pour aller découvrir autrement les relations humaines ».

L'ado et l'agression sexuelle

Une jeune fille de 18 ans a vécu l'agression sexuelle de son père, de 10 à 16 ans, ses deux frères plus vieux l'ont agressée également avec une dévalorisation au quotidien depuis sa petite enfance.

Sa mère était soumise à son mari et impuissante à donner un cadre à ses fils, elle participait par sa non prise de position, à l'invalidation et au passage à l'acte sexuel sur sa fille.
Cette fille a essayé pour survivre dans sa famille de se faire disparaître en devenant anorexique de 12 à 16 ans.

Sa venue était motivée par une demande d'aide pour prendre sa place dans une équipe au sein de son travail, elle se retrouvait dans une posture où elle était invalidée, le bouc émissaire de certains de ses collègues, les autres laissaient faire.
Elle retrouvait dans ce groupe le même principe relationnel que dans sa propre famille.

Cette situation montre, que nous sommes programmés par tout ce que nous vivons, ce qui a donné à cette fille la possibilité de continuer sur le même principe que dans sa famille et donc, de rester en bute à une forme d'agression, elle génère autour d'elle cette forme de rejet.

« Le constat de cette reproduction, fut pour cette jeune fille le début d'un chemin qui allait lui permettre de ne plus être une victime, ni d'être celle que l'on rejette ».

C'est un jeune de 17 ans qui vient pour comprendre ce qui lui arrive dans la relation avec sa petite amie.

Il se retrouve dans une difficulté à vivre la relation sexuelle, pas de libido, pas de démonstration affective vis-à-vis de son amie, si elle s'en plaint, il se met en colère, voire avec de la violence, il ne comprend pas ce qui lui arrive.

Il reconnaît son dysfonctionnement, sans comprendre ce qui le fait réagir, il dit que c'est plus fort que lui, il se sent accusé à tort, pas entendu.

En regardant dans son vécu, ses parents sont dans une difficulté relationnelle avec leur famille respective, tous les deux sont en conflit avec leur fratrie, au point d'avoir coupé les liens avec tout le monde.

Je l'interroge sur sa relation avec son seul frère qui a cinq ans de plus, je le sens un peu déstabilisé et comme s'il se jetait à l'eau, il me dit :

« Il y a peut être quelque chose qui pourrait expliquer mes réactions, mon frère m'imposait de lui faire des fellations, j'avais 7 ans ».
Il a pu prendre conscience qu'il se remettait dans une dépendance à l'autre, il retrouvait le scénario qu'il avait connu avec son frère.

Avec son amie, il s'empêchait d'avoir envie d'elle, pour qu'elle puisse être dans la demande affective, il le vivait comme si elle la lui imposait, et là, il s'y soumettait, comme avec son frère, sauf qu'avec son amie il rentrait en colère et lui faisait subir la violence qu'il avait vécue.

Il était soumis par son frère, qui lui imposait de vivre cette sexualité avec de la violence, ce qu'il n'avait pu dire et exprimer à son frère, c'était son amie qui subissait sa réaction, ce qui n'avait pas été exprimé en son temps, devenait un passage obligé dans le cours de la vie.

Le fait de recontacter ce vécu traumatique, lui a permis de faire le chemin pour dire à son frère, comment il ne l'avait pas respecté, lui redonner son côté agresseur et ainsi se débarrasser de son côté victime.

L'ado et le cadre de la loi

Le comment et le pourquoi un ado sort du cadre de la norme, c'est le parcours d'une jeune de 15 ans qui vient de fuguer et quand ses parents l'ont retrouvée, elle a pu leur dire qu'elle était enceinte.

La rencontre avec cette histoire, c'est la venue des parents, sans leur fille, qui étaient dépassés par ce qu'ils venaient de vivre. Ils avaient pris la décision de lui faire interrompre sa grossesse, ce qui était fait quand je les ai reçus.

Ils étaient là, ils prenaient conscience qu'ils avaient besoin de prendre une décision de couple, être en accord pour donner le cadre à leur fille.

Je leur ai demandé comment leurs parents donnaient le cadre, chacun avait des variantes, mais le fond était identique, ils avaient eu des parents rigides, voire violents.

Dans la famille qu'ils avaient constituée, ils s'étaient dit, qu'ils ne seraient pas comme leurs parents, ce qu'ils firent, en laissant une liberté d'action à leurs deux filles, au point de permettre à la plus grande, celle qui avait fugué, de coucher avec son petit copain, chez eux, depuis leurs 14 ans.

Ils avaient pris la posture inverse à leur vécu, le manque de cadre a mis cette jeune dans de l'insécurité, sa fugue était une façon de mettre ses parents également dans de l'insécurité, ce clash avait pour but d'attirer leur attention et les obliger à prendre leur place, ce fut salutaire.

Cette famille se retrouvait face à un chamboulement de leur vision du monde. Ils devaient réapprendre, en tant que parents à vivre avec d'autres valeurs.

« Cette fille commençait sa vie avec un bagage déjà encombrant, mais l'amour qui était présent dans ce couple de parents, allez lui permettre d'en minimiser les conséquences ».

L'adulte et la violence physique

Un couple vient après un acte de violence du mari sur sa femme, il a essayé de l'étrangler, ils viennent, mais la femme est venue soumise à son mari, elle n'a pas pu dire non.

Dans la rencontre avec leur histoire, j'ai pu avoir accès aux causes possibles qui donnent une forme aux conséquences qui en ont découlé.

Pour les rejoindre sans juger, il me fallait comprendre le pourquoi de ces comportements, qui sont en fait des réactions qui ont leurs sources dans l'histoire de leur petite enfance.

Lui vient d'une famille où il est le cinquième de six, son père était très souvent sous l'effet de l'alcool et il devenait violent surtout sur la mère qui était complètement soumise à son mari, il a subi cette ambiance pendant toute son enfance.

Elle vient d'une famille où elle était témoin de la souffrance de sa mère qui était dépressive et se plaignait de l'absence de son mari. Elle était la troisième et la seule fille d'une fratrie de quatre, elle palliait l'indisponibilité de sa mère, elle était soumise, « la cosette ».

Quand leur troisième enfant est venue au monde, pour elle, cela la remettait en contact avec son enfance, elle se retrouvait à côté de quelqu'un qui était macho, elle devait être à son service, elle retrouvait la fonction de cosette.

Cette remontée de son histoire, lui donnait la possibilité de faire ce qu'elle ne pouvait envisager enfant, dire non, l'envie d'être libre, de vivre sa vie sans en référer à personne.

Pour lui que sa femme veuille partir, c'était inacceptable, il perdait tout pouvoir, il se sentait nié zappé, d'enfant caractériel qu'il était jusque-là, il est devenu comme son père, violent.

La séance a permis à cette femme de confirmer ce qu'elle avait commencé, devenir libre de ses décisions et donc de concrétiser ce qu'elle avait déjà initié, divorcer.

Lui, il était complètement déstabilisé par la confirmation de sa femme de divorcer et cela devant un témoin homme, son comportement est devenu agressif, menaçant, il se comportait comme un enfant qui est entrain de faire une crise de nerf, c'était pour lui, inacceptable.

Le constat de ce comportement, met bien en évidence les non prises en compte de l'autre, les besoins primaires, les réponses immédiates, d'un comportement d'enfant de trois ans.

La fin de la séance fut très contrastée. Au début, il était dans le marchandage, se faire pardonner, à la fin c'était l'inverse, il accusait, il la menaçait.

La souffrance non prise en compte d'un enfant, peut en fonction du milieu dans lequel il a vécu, le faire ou se soumettre ou devenir prédateur.

Il n'y a pas de petite souffrance pour un enfant et il ne faudrait jamais que l'adulte parent, la minimise ou la nie.

L'adulte et la violence psychique

Une femme vient consulter pour être aidée à sortir d'une relation où elle est dans une dépendance. Elle se sent sous l'emprise de cet homme qui peut avoir des gestes de violence, elle est avec lui depuis deux ans, elle a 35 ans, elle a été mariée et elle a un enfant de 10 ans qui vit chez son père.

À la deuxième séance elle arrive avec son ami, qui s'installe dans une position en face de son amie, très vite il montre qu'il veut s'imposer, il fait son show, en invalidant son amie, qui elle montre une attitude de repentance, il essaye de me flatter en cherchant mon assentiment d'homme.

Il la traite comme une quantité négligeable, il ne lui laisse pas de place, il lui coupe la parole, il a le regard jugeant et l'attitude méprisante.

Devant cette attitude, plusieurs fois je lui rappelle le cadre dans lequel il est, en lui parlant de respect, mais manifestement il ne veut pas entendre, vu que je ne m'associe pas à sa vision, il me met dans la même place que son amie.

Il essaye de m'invalider, il cherche la faille, il est venu apparemment pour reprendre le pouvoir sur son amie qu'il sentait entrain de se libérer, voire sous la domination de quelqu'un d'autre.

Devant son comportement et ses non-acceptations du cadre, je lui ai intimé l'ordre de partir en lui montrant ma détermination à faire respecter les personnes présentes. La femme est restée quelques instants pour essayer de s'excuser, elle prenait à son compte la responsabilité de son comportement, elle était encore sous son emprise. Il avait réussi à la reprendre sous son pouvoir, elle est partie derrière lui en courant pour le rattraper et pour sûrement se faire pardonner.

Cet homme présentait les critères du pervers narcissique, trop dans sa supériorité, il ne pouvait pas entendre autrement que sa réalité, pour cette femme la soumission était malheureusement la conséquence de son parcours familial.

Mais la suite m'a permis de voir que parfois une réponse de recadrage pour maintenir le respect dans l'échange entre personnes, peut avoir une résonance sur un temps qui reste le temps de chacun.

J'ai reçu un courrier de cette femme un an après où elle me remerciait, car mon positionnement lui avait permis de cheminer vers une confirmation de son ressenti, elle n'était plus seule et le fait que je sois un homme a sûrement participé à cette validation, elle a pu le quitter en prenant une précaution judiciaire.

Notre place de témoin, devant un comportement irrationnel entre deux adultes ou un adulte et un enfant, ne doit pas nous laisser indifférents, nous devons nous positionner quelles que soient les conséquences immédiates, il y a comme une petite graine qui peut toujours germer où dans la conscience de la personne manipulatrice ou violente, mais aussi dans la conscience de la personne soumise ou victime.

Reconnaître la souffrance, c'est déjà créer un acte de compassion qui permet le parcours vers la cicatrisation.

L'adulte et son parent jugeant

C'est une femme de 32 ans mariée, un enfant de 2 ans. Elle vient pour un conflit relationnel avec sa mère, son histoire s'inscrit bien en amont quand elle était une petite-fille. Elle a hérité de la souffrance de ses parents, côté du père, la peur de l'abandon et du rejet, côté de la mère, l'angoisse, la peur d'être une mauvaise mère.

Son père vient d'une famille où il était orphelin de père très jeune, sa mère s'est remariée, elle a eu deux autres enfants.
Lui a été rejeté par le beau-père.

Sa mère vient d'une famille de trois enfants, elle en est la dernière, sa mère dans une grande souffrance passe par des phases où elle est très dépressive ou très speed.
Elle a subi ce contexte, elle est angoissée et a peur de mal faire.

Quand elle a eu 19 ans, ses parents se séparent, elle était à la FAC, son père se sent abandonné par sa femme, il se raccroche à elle, il quémande, sa mère, elle recherche d'avoir du pouvoir sur quelqu'un pour ne pas sentir son manque de lien, elle est intrusive et elle l'invalide.

Elle est prise dans la demande de deux ses parents, pour des besoins différents, ses deux parents lui mettent la pression.

Pour le père elle doit être le héros, le sauver en le prenant en charge.

Pour la mère une moins que rien, pour aider sa mère il faut qu'elle s'invalide.

Elle se retrouve seule, elle s'agresse dans un passage à l'acte suicidaire avec des médicaments.

Appel au secours que ses parents n'entendent pas, ils sont trop dans leur propre souffrance, elle doit s'en sortir seule.

Elle me raconte qu'à la sortie de cet épisode, elle a rencontré un étudiant avec qui elle a poursuivi sa vie et ils ont eu ensemble un fils.

Depuis la naissance de son fils, sa mère lui met à nouveau la pression, elle veut montrer que sa fille n'est pas une bonne mère, elle se sert de l'acte suicidaire de sa fille pour dire qu'elle est instable et avoir la garde de son petit-fils, elle a fait un signalement auprès des services sociaux, elle reproche à sa fille ce qu'elle n'a pas pu dire du comportement de sa mère.

Tout le parcours de cette femme, a été de se différencier de la part de dysfonctionnement de sa mère, de prendre de la distance face à la résonance émotionnelle que cela soulevait et s'appuyer sur ce qu'elle avait mis en place comme comportement de mère.

Pour ne pas être tentée de glisser dans l'image négative que sa mère voulait lui imposer, elle devait comprendre que sa tendance à s'invalider, n'était que l'émergence d'une soumission à ce qu'elle avait déjà vécu dans son enfance.

Ce qui avait déjà été une ressource pour faire face aux attaques de sa mère, c'était s'appuyer sur sa relation de couple et l'amour qui en était le vecteur.

L'adulte et l'alcool

C'est un homme de 32 ans, il a la posture du bâton de vieillesse, son parcours est assez symptomatique d'une souffrance que nous retrouvons dans les familles où il y a eu un décès qui n'a pas été accepté.

Il y a une continuité dans ce qui a pu être déjà vu, dans les comportements d'un enfant qui a le même héritage.

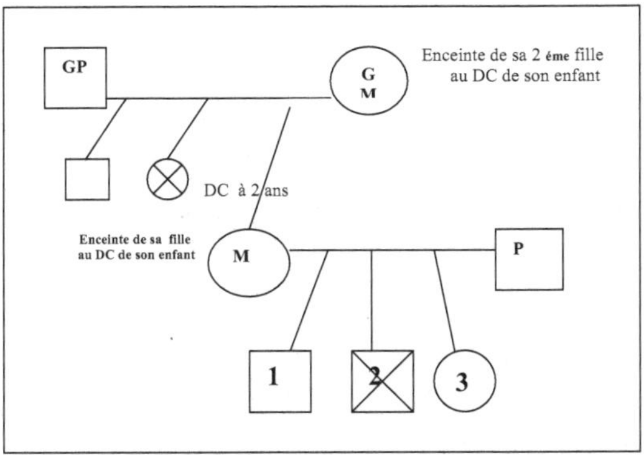

Cet homme est issu d'une famille où il est l'aîné, sa mère a failli le perdre, complication pendant la grossesse, il est né à 7 mois et il est resté deux mois en couveuse.

Sa mère avait été zappée par sa propre mère qui venait de perdre sa fille, elle avait assuré la logistique, mais elle avait tout reporté sur son fils aîné qui venait du haut de ses 6 ans lui donner du réconfort.

Sa mère, encombrée de ce vécu, a mis en place un scénario pour le réparer, elle rejoint sa mère dans l'angoisse de perdre son enfant, ce stress vient lui donner raison, d'où cette naissance à problème.

L'éloignement de son fils pendant deux mois, lui permet de ne pas le surinvestir, souvenir du lien que sa mère avait avec son aîné, ce qui l'avait mise dans une posture de manque, pour ne pas faire comme sa mère, elle fait l'inverse, c'est donc son fils qui va vivre le manque.

L'histoire se répète avec tout son lot de souffrance, sa mère va perdre un fils à sept mois d'une maladie orpheline, il aura à ce moment-là, 5 ans, la répétition de ce cycle de 7 mois, met en évidence que sa mère dans l'utérus avait enkysté le choc émotionnel de sa propre mère à la perte de sa fille, elle avait 7 mois de vie intra-utérine.

Sa mère va le rejeter, en tant que garçon, il lui rappelle la perte de son autre fils, comme si elle lui en voulait d'être vivant et de maintenir le constat du manque qui la renvoyait au manque de sa propre mère.

Sa mère à la naissance de son troisième enfant, qui était une fille, venait mettre comme un baume sur les plaies de son enfance, cela lui permettait de vivre la relation mère-fille qui lui avait manqué.

Lui, il commençait sa vie avec un héritage de manque, héritage de sa mère, plus du sien, son père était très absent, son parcours scolaire a été émaillé de redoublement, il se retrouve à la fin de ses études dans un vide de sens.

Les études lui donnaient une forme de cadre qui le maintenait dans un semblant de norme, la fin de son cursus scolaire l'a mis dans un vide « sidéral », il a commencé à fumer des joints, quand il s'est retrouvé sur le marché du travail, à devoir se présenter, se faire apprécier, c'était tout ce qu'il n'avait jamais pu vivre avec ses parents, il a commencé à boire et il a coulé dans un vide « abyssal ».

Il était dans un comportement suicidaire, peut être le terme le plus adapté, qu'il était dans de la non-vie, il pourra dire en séance, « qu'il ne se sentait pas légitime à vivre ». Il était dans une croyance, qui s'était cristallisée, la souffrance de sa mère était plus grave, que les morts sont toujours présents et qu'il n'était pas assez important pour que l'on s'intéresse à lui, il était envoyé par son médecin traitant.

Derrière le barrage qu'il mettait intellectuellement, il montrait son mal-être qui était un appel au secours, je lui ai proposé dans le cours de la séance, de venir avec sa mère, je le sentais plus dans le souci du bien-être de sa mère que de lui, comme un passage obligé.

Ce qui fut fait, ce lien affectif qui n'avait pas été suffisamment nourri entre cette mère et ce fils, fut la porte d'entrée qui amena au cours des séances à une remise en forme d'une légitimité à se démontrer de l'affection, de l'amour.

« Le parcours de cet homme montre notre dépendance aux souffrances que notre système familial a vécues, au point de faire de la continuité, avec parfois des variantes sur la forme, mais le fond est identique, comme une soumission au clan qui nous a vu naître, un lien d'appartenance qui créait une vision du monde qui nous coupe de la réalité ».

L'adulte et l'accusation

C'est une femme qui subit l'accusation de vol de ses employeurs, elle est accusée d'avoir volé de l'argent dans la caisse du magasin où elle est vendeuse.

La pression qu'elle vit dans son quotidien, la rend parano, elle se sent persécutée, comme si tout le monde la regardait en la jugeant, elle me dit qu'elle n'a pas pris d'argent, mais que sa patronne ne veut rien entendre, ne veut pas la croire.

Il se rejoue sûrement quelque chose de son histoire, aussi je l'emmène à regarder ailleurs que dans son idée fixe.

Le lien étant fait, elle me raconte qu'elle était comme la fille de sa patronne, elle lui laissait des responsabilités quand elle s'absentait pour plusieurs jours, d'où le revirement de comportement qui est vécu encore plus difficilement.

Petite fille, elle a été mise chez une nounou de 0 à 6 ans, la séparation d'avec cette nounou l'a beaucoup marquée, elle n'a retrouvé ses parents qu'en rentrant à l'école primaire à 6 ans.

Pour elle dans ses souvenirs, sa mère a été comme une étrangère, son père était plus démonstratif, elle l'a plus investi, ce qui venait légitimer les scénarios des parents et lui permettait de rester loyale au manque de sa nounou.

Pour cette femme, sa patronne devenait comme sa nounou, une personne bienveillante qui la prenait en considération, le revirement de sa patronne ramenait le fait d'être une personne pas respectable, pas digne d'être aimée, ce qu'elle portait depuis toujours ce sentiment d'être en dehors de la norme.

Ce qui venait amplifier les conséquences de cette accusation, c'était le départ d'un homme avec qui elle avait vécu quelques années et qui sur certains aspects lui rappelait son père, l'accusation s'était faite sur la date anniversaire de son départ, d'où une déstabilisation importante qui la touchait sur ses fondamentaux.

« Le regard que nous portons sur nous ou sur les autres ne devrait jamais s'habiller d'un jugement de valeur, au risque de se renfermer dans une énergie négative qui maintient une façon de penser qui pollue aussi bien celui qui émet que celui qui reçoit ».

L'adulte homme et l'impuissance (manque d'autorité)

C'est un homme que je reçois, il a 40 ans, marié et père de trois enfants entre 6, 9 et 12 ans, il a une profession éducative dans l'aide à l'enfant et aux parents.

Il vient pour comprendre sa peur de l'abandon, il a un fond dépressif au point de poser un acte suicidaire avec des médicaments, je le reçois juste après.

Son histoire met en évidence un parcours particulier, il a été agressé sexuellement par son père, de 9 à 12 ans, sa mère le poussait vers le père, consciente de ce qui se passait ? Il ne le sait pas !

Ce que nous pouvons comprendre de son passage à l'acte, peut trouver du sens par la concordance de l'âge de ses deux fils aînés qui le remettait dans un souvenir difficile à regarder.

Il m'avoue qu'il avait enfoui ce vécu, au point de ne plus se souvenir, ce constat fait, tout prenait sens dans sa vie ; son travail le mettait loin de sa famille et de ses enfants, il comprenait que de cette façon il protégeait ses enfants d'une proximité malsaine, au point d'avoir plutôt une forme de rejet et de colère pour donner du cadre.

L'éducation de ses enfants était laissée plus à sa femme, il prenait ainsi une forme de revanche sur son histoire, il donnait à ses enfants ce qu'il n'avait pas vécu, être proche de leur mère.

Nous pouvons voir la conséquence d'une forme d'agression (il y en a d'autres) sur le comportement de cet homme.

L'agression qu'il a subie et la blessure narcissique qui en découle, ont donné une vision du monde et un comportement qui en sont les conséquences.

« Il a choisi un métier qui pouvait servir à réparer les dysfonctionnements de certains parents et donc protéger les enfants de leurs agissements ».
(Croyance qu'il réparait ainsi sa blessure en réparant des parents).

« Il a pris la contre posture de son père, qui était omniprésent et despotique en devenant absent et permissif »
(Croyance qu'il protégeait ses enfants en éloignant leur père).

« Il est avec une femme qui est l'inverse de sa mère, sa mère était soumise, sa femme est très directive et elle porte toute la famille et l'éducation des enfants ».
(Croyance qu'il favorisait ses enfants en laissant la mère diriger).

« Il y a un côté négatif à sa tentative de vouloir réparer son histoire, il retrouve quelqu'un qu'il subit, sa femme, qui se plaint de son impuissance comme homme, il a peu de désirs sexuels, il est éjaculateur précoce et comme père, tout son monde s'écroule, d'où sa tentative de suicide ».

« Il retrouve l'invalidation subie par son père et l'image qu'il reçoit de lui-même, dans sa posture d'adulte, devient insupportable, d'où l'envie de disparaître ».

« Il prend conscience de son parcours et des conséquences de ce qu'il avait vécu sur sa vision du monde et sur son positionnement dans la vie, le chemin pour en sortir devait passer par une reconnaissance et une réparation de ses blessures ».

« Il a pu symboliquement redonner à ses parents leur dysfonctionnement, ce qu'il avait subi, il a osé les affronter, il a pu démystifier le tout pouvoir que ses parents avaient encore sur lui et ainsi prendre, enfin, une place d'adulte, d'homme et de père et sortir de l'impuissance ».

L'adulte homme et l'impuissance (agression sexuelle)

C'est un homme de 50 ans, qui vient pour gérer des pulsions sexuelles qu'il a vers des petits garçons, il est exhibitionniste, il a eu maille à partir avec la loi et il a fait de la prison.

Il vient avec sa femme pour comprendre ce qui lui arrive, ils ont ensemble trois garçons, 18, 20 et 25 ans, sa femme travaille comme secrétaire dans une entreprise et lui, il est moniteur de sport dans des clubs.

La compréhension de leur histoire met en évidence les causes qui ont amené les comportements déviants :

La femme vient d'une famille où les pères ont été absents, ses deux parents ont perdu leur père vers 5 ans, son père était un homme petit garçon, qui a grandi sans modèle de père et qui est devenu sans limite, colérique, violent et macho, elle a vu sa mère subir le pouvoir du père.
Elle a rencontré son mari et elle peut dire, que ce qui lui a plu, c'est qu'il était gentil, il ferait un bon père ! Le seul reproche qu'elle peut faire, c'est qu'il n'est pas démonstratif et qu'il est souvent

absent, elle pourra dire, qu'il y avait peu de relations sexuelles, mais que cela lui convenait, elle prend conscience qu'elle avait comme modèle son père, qui faisait subir ses pulsions sexuelles à sa mère.

L'homme vient d'une famille où son père était violent sur sa femme, son père était issu d'une famille où les hommes avaient le pouvoir et les femmes étaient à leur service. La famille de sa mère était dans le hors la loi, elle avait subi l'inceste et comme sa mère, elle était soumise.

Il est dans la réparation de l'image du père, c'est là que le père était dans de l'excès, lui est dans l'absence ; il doit être respectueux de la femme, ce qu'il fait avec la mère de ses enfants. Il a fait de l'antithèse, de ne plus avoir de rapport sexuel ou très peu, il met de la distance.

Il protège la femme, mais il retrouve ce qu'il a vécu, le manque de sa mère, sa mère était trop préoccupée à répondre aux exigences de son mari, dans ce vide affectif, il a croisé la route d'un prédateur pédophile, il avait 8 ans. Il en a gardé une perte d'estime et le poids d'une culpabilité, la souffrance qu'il n'a pas pu exprimer, il a retourné sur lui la culpabilité.

Ce qui ressort de son parcours, c'est le modèle parental, qui ne lui a pas permis d'être pris en compte, d'être investi et aimé suffisamment, dans ce vide affectif et devant le comportement de son père, il a pris le contre-pied familial.

Dans sa famille il était un bon père, mais la souffrance causée par son agression et par l'héritage des comportements sexuels des hommes de sa lignée, a fait, qu'il a recherché à se reconnecter avec sa blessure en repassant par des petits garçons, comme si, à travers eux, il pouvait faire entendre sa propre souffrance. Malheureusement le résultat fut à l'inverse, cela venait valider la croyance du petit garçon, c'était lui le coupable.

Modifier un comportement déviant, qui s'appuie sur une blessure narcissique et un héritage familial, devient un parcours qui peut s'avérer assez long. Il y a un passage obligatoire, c'est d'aider la personne à exprimer la souffrance du petit garçon, de reconnaître sa blessure, lui permettre de restaurer son image d'homme, pour qu'il puisse reconnaître pleinement les conséquences de ses actes. Le support affectif de sa femme ou d'un environnement familial, est un appui important pour une reconstruction plus rapide, de l'homme et du couple et protéger les descendants d'un modèle relationnel malsain.

« Si toute la famille se remet en cause, en acceptant de prendre une part de la responsabilité, du dysfonctionnement visible d'un membre du groupe, tout le système peut plus rapidement, trouver un nouvel équilibre plus adapté avec la norme ».

« Si cela ne peut se faire, la personne qui n'est pas accompagnée dans cette optique-là, elle se retrouve rejetée comme le petit garçon, ce qui peut malheureusement enkyster un peu plus de ressentiment vers les autres et favoriser une reproduction de la déviance ».

L'adulte femme et l'impuissance (contexte incestueux)

C'est une jeune femme de 25 ans qui vient pour comprendre son rapport aux hommes :

Elle s'est mariée à 18 ans et elle a été très rapidement enceinte, grossesse extra-utérine qui a été interrompue.

Son mari avait 10 ans de plus qu'elle, il était violent physiquement et moralement, très rapidement, grâce ou à cause de son interruption de grossesse qui la fait devenir plus mature, elle prend conscience de l'inacceptable et sur un acte un peu plus violent que les autres fois, elle porte plainte, il sera reconnu coupable et il fera de la prison, elle décide de divorcer, elle a 20 ans.

Dans cette première phase de sa vie, elle ne comprend pas pourquoi, elle a été attirée par cet homme et qu'elle se soit mariée aussi vite.

La violence, elle l'a connue à plusieurs niveaux, par héritage, son grand-père paternel était caractériel, sa grand-mère était soumise, son père est plutôt dans le non cadre, sans frontière, machiste et jugeant sur la femme.

Dans la famille de sa mère, la violence se trouve par la souffrance de la grand-mère qui a perdu deux enfants dans leur première année de vie et aussi par le comportement de sa mère qui était très envahissante. Elle se servait de sa fille pour dire ce qu'elle vivait avec le père en le diabolisant, elle a fait plusieurs tentatives de suicide avec certaines qui la mettaient dans une frontière, entre la vie et la mort.

Par ses parents qui étaient dans un comportement sexuel sans tabou, de vivre l'échangisme et en parler ouvertement devant leurs deux filles, ils étaient plus un homme et une femme, que deux parents, aussi quand elle est devenue ado, elle s'est sentie insécurisée quand elle était seule avec son père.

Cette jeune femme s'est remise en couple avec un homme de son âge, elle avait 23 ans, quand elle vient me voir, elle est enceinte de 3 mois elle est mal, elle se sent abandonnée par son compagnon, elle est jalouse.

Ce que nous pouvons comprendre de son angoisse, c'est son impuissance à dire ce qu'elle ressent, elle a choisi un homme qui se retrouve être l'antithèse de sa mère, il est plutôt absent d'où sa jalousie, son angoisse qu'elle ne contrôle pas, c'est l'héritage de la lignée de sa mère, la perte d'enfant.

Elle a pu par la compréhension de son mal-être, voir qu'elle avait peur de perdre son enfant. Le dialogue avec son ami a pu reprendre. Lui prenait de la distance par incompréhension du comportement de sa compagne, il se sentait jugé, résonance avec son héritage.

Ils avaient tous les deux un chemin à faire pour démystifier leur croyance invalidante, ils s'étaient choisis avec leurs blessures, ils devaient modifier leurs attentes et devenir ressource pour l'autre et ainsi voir leur relation évoluer.

L'adulte femme et l'impuissance (infertilité)

C'est une femme de 32 ans, qui vient pour comprendre pourquoi elle ne peut pas avoir un nouvel enfant, alors qu'elle est déjà mère d'une petite fille de 4 ans.

Elle me raconte qu'elle est dans un protocole de F.I.V. avec stimulation ovarienne, qu'il y a deux ans, qu'elle est dans cette démarche et qu'elle se désespère de ne pouvoir tomber enceinte, elle me dit qu'avec son mari, c'est important d'avoir deux enfants.

« Nous pouvons entendre déjà deux paramètres qui sont importants, le couple a besoin d'avoir deux enfants, cette femme a été mère, ce qui montre la peur et le blocage qui en découlent ».

« L'hypothèse que je fais, c'est qu'elle est l'aînée d'une fratrie minimum de deux enfants et que sa mère a eu un problème à sa deuxième grossesse ».

Elle me dit avec de l'émotion, que sa mère a eu, pour la seconde grossesse une difficulté à la mener à terme, qu'elle a accouché d'une petite fille handicapée.

Elle avait été très marquée par la souffrance de sa mère et elle voulait, entre conscient et inconscient, réparer l'histoire, en donnant un deuxième enfant sans problème à sa mère.

« Entre peur et envie, c'est la peur qui l'emportait, d'où cette impossibilité à concevoir un nouvel enfant, elle était dans une dualité, la prise de conscience de cette mission, qu'elle s'était donnée, a pu lui faire entrevoir le chemin pour pacifier ses peurs ».

« L'accompagnement de cette femme, fut, de lui permettre d'aller vers sa mère pour partager les souvenirs de cette période et des émotions qu'elle n'avait jamais pu exprimer, ce qu'elle a pu faire, de reprendre sa place dans une famille où elle était jusque-là un peu transparente, <u>elle n'avait pas de problème</u> ! ».

« Cette femme a pu retrouver une relation plus fluide et normale avec sa mère, les émotions pouvaient se dire et se montrer, elle a retrouvé normalement la possibilité d'avoir une grossesse sans assistance et cela trois mois après ».

« Nous pouvons voir à nouveau, l'impact et les conséquences de la souffrance d'une mère (d'un parent) sur les enfants et la descendance ».

<u>L'adulte homme et femme et l'impuissance</u> (infertilité)

C'est la rencontre avec un couple qui vient me voir pour un problème lié à une difficulté à avoir un enfant.

Ils ont une trentaine d'années, ils sont ensembles depuis 10 ans et cela fait sept ans qu'ils essaient d'avoir un enfant.

Pendant trois ans ils ont été dans cette attente d'un enfant, sans résultat, devant cette forme d'échec, ils ont décidé de consulter ensemble un médecin, pour comprendre ce qui ne fonctionnait pas.

Les examens ont mis en évidence qu'elle avait les trompes bouchées et une production réduite d'ovocytes et lui, il avait des spermatozoïdes en petite quantité et qui manquaient de vigueur.

Devant ce constat, ils ont suivi pendant 4 ans, un accompagnement, avec traitement pour des stimulations ovariennes et des F.I.V.

Comme ils n'avaient pas de résultat, ils ont décidé de regarder sur un plan psychologique, d'où leur venue consulter.

Si nous prenons sur un plan symbolique, leur fonctionnement montre comme une retenue.

L'homme vient d'une famille de trois enfants, son père était despotique, avec de la violence sur lui et sur sa mère, elle était soumise, il était le fils aîné très investi par sa mère.

La femme vient d'une famille où son père était absent, sa mère très autoritaire, dirige la famille d'une main de fer, sa mère avait vécu avec un père très autoritaire.

La femme avait choisi un homme comme son père, elle avait hérité de la peur de la violence de l'homme et la peur de devenir une mère, comme sa mère, froide et dure **« *sa peur inhibait son désir d'enfant* ».**

L'homme avait choisi une femme comme sa mère, gentille et douce et lui, il avait peur de devenir comme son père, un père violent **« *sa peur inhibait son désir d'enfant* ».**

La compréhension de ce qu'ils portaient comme héritage et les peurs qui en découlaient, leur a permis d'envisager de redonner à leurs parents, la violence qu'ils avaient subie, (oser les affronter).

Quelques semaines plus tard j'ai reçu de leur part un courrier pour me dire qu'ils avaient, chacun de leur côté, fait ce travail de rendre et ainsi de démystifier le pouvoir de leurs parents.

Ils venaient d'avoir la confirmation qu'elle était enceinte et la date de conception correspondait à l'ovulation qui a suivi leur positionnement face à leurs parents.

« Pour ce couple, la réponse fut assez simple, car leur blocage s'appuyait sur des faits qui restaient très repérables qu'ils se sont en même temps, autorisés à agir pour se différencier de leur posture d'enfant soumis ».

« Il suffit parfois, d'une autorisation pour sortir d'une forme d'hypnose qui nous maintient dans ce monde de soumission de l'enfance ».

L'adulte et le passage à l'acte suicidaire

C'est un homme qui me téléphone pour prendre un rendez-vous en urgence, il me dit qu'il vient de se pendre et qu'il a été décroché de justesse.

Quand je le reçois, il me raconte son passage à l'acte, le désespoir qui l'habite suite à une rupture dans son couple, sa compagne vient de lui annoncer qu'elle le quittait, ce qui l'a conduit à ce geste.

Je lui demande si ce geste suicidaire, il l'a déjà vécu, il me dit qu'il avait parfois, depuis plusieurs années, des passages de découragement où il monte sur une chaise, il se met la corde autour du cou et il s'interroge s'il doit sauter.

Je lui demande si dans sa famille, il y a déjà eu des personnes qui se sont pendues, il me dit oui et il en compte très rapidement cinq.

« Ce que nous pouvons comprendre de ce geste, c'est la continuité d'un vécu familial où face à la souffrance, la réponse qui a été donnée, c'est de se pendre ».

« Ce qui peut donner un début de compréhension à un geste aussi radical, c'est de remonter dans l'histoire du clan de ses deux parents ».

« Ce que nous pouvons voir, c'est le parallèle dans les deux familles, la même réponse a été donnée à la même stimulation, c'est toujours un homme qui pose cet acte, sur une séparation, perte d'un lien et aussi perdre la face, il est impuissant à retenir l'autre, à gérer la situation ».

« Ce vécu met en évidence, à nouveau, le poids de l'héritage familial et comment l'enfant est programmé par la souffrance vécue ou héritée, mais aussi comment les ancêtres se sont positionnés face aux événements de la vie ».

L'adulte et le point d'honneur à tenir

C'est la vie d'un homme qui se retrouve enfermé dans une construction du monde qui lui a servi à dépasser ses souffrances d'enfant et maintenant, le maintien dans un piège.

Cette histoire commence le jour de sa venue au monde, il arrive comme un sauveur, sa mère est orpheline de son père vers 10 ans et elle a un frère plus jeune, décédé vers un an et demi.

Dans ce système familial, l'arrivé d'un garçon, vient nourrir l'attente des parents, mais surtout des grands-parents, sa mère comme une bonne fille, fait un cadeau symbolique pour réparer la souffrance de sa mère, remplacer l'enfant mâle décédé.

Son père vient d'un système où il est enfant unique, il a été surinvesti par sa mère et il en a gardé un sentiment d'étouffement, qui le met dans son couple assez périphérique.

Il reproduit son système familial, il se protège du lien avec sa femme en gardant de la distance, ce qui lui permet, à elle, d'être tout à sa fonction fille pour obéir à la souffrance de sa mère en faisant un fils, leur père dans leur famille respective est absent, il y a une continuité de la forme.

Cet enfant qui vient au monde, est donc déjà chargé d'un attendu, d'être un enfant de remplacement, un gisant, nous retrouvons le principe de la belle au bois dormant, cet enfant va vivre pendant un an sans problème apparent, il va attraper la polio vers un an et demi, c'est le hasard diront certaines personnes, il a la même tranche d'âge et il a sa date de conception qui correspond à la date de décès de son oncle.

Lui il n'en meurt pas, mais son parcours de vie, va être chargé de cette empreinte mortifère.

« Ce que nous pouvons voir et comprendre de cette similitude de date et d'âge, c'est la capacité des membres d'un clan, à subir l'ambiance émotionnelle de ses pairs et de tout faire pour essayer de réduire ou d'enlever cette souffrance ».

« Pour étayer cette hypothèse, je vais vous narrer le contenu d'un reportage animalier que j'ai vu sur une chaîne de télévision, le thème était la vie d'un clan de babouin et les interactions entre les membres de ce clan ».

« Dans le cours de ce reportage, le cameraman a filmé une femelle qui était devant son tout petit bébé qui était sans vie, elle soulevait les membres les uns après les autres, comme pour le voir se réveiller et bouger, sa face (son visage) reflétait la tristesse et la souffrance de la perte ».

« Une autre femelle la regardait avec de la compassion dans son regard, elle est partie en galopant, dans un galop particulier comme les singes savent faire, la caméra à suivi le déplacement de cette femelle qui est allée dans une partie de ce clan chercher un tout petit qui lui était sans sa mère, un orphelin et elle l'a ramené ».

« Cette maman babouin a accueilli cet enfant, sa face s'est éclairée d'un sourire, elle est allée s'asseoir sur un rocher, elle a donné sa mamelle à ce tout petit et la vie a retrouvé la routine et les rituels du quotidien ».

« Nous sommes, comme ces animaux dits inférieurs, programmés depuis la nuit des temps, pour la perpétuation de l'espèce. Face à la souffrance de la perte ou de tout vécu traumatisant, tout le clan va se mobiliser pour réparer, remplacer et faire passer le message à la génération suivante. Un ancrage pour que le souvenir de ce vécu traumatique serve de modèle, pour éviter une reproduction, mais malheureusement avec en plus les dommages collatéraux qui en découlent ».

Si nous revenions à cet enfant et son héritage particulier, d'être porteur de cette maladie qui a mis en péril sa vie.

Il s'est donc retrouvé dans un hôpital, coupé de sa mère et mis dans une posture de cas clinique, déshumanisé, il était l'enfant du (n° de la chambre), les opérations se succédaient pour essayer de le réparer, mais il était toujours comme un objet, pas comme un sujet, ses émotions, sa souffrance, ses états d'âme, personne ne s'y intéressait.

« Nous ne prenons pas suffisamment le temps de nous pencher vers l'enfant pour nous mettre à sa place et comprendre, surtout ressentir, son état d'être, compatir ».

Devant ce vide d'intérêt, il s'est construit un monde parallèle, un point d'honneur à ne pas se plaindre, il se racontait des histoires.

Il a développé ainsi, une capacité à analyser les informations qu'il pouvait décoder, dans les signes subtils que les soignants laissaient transparaître, dans leurs attitudes, dans les intonations et bien sûr dans leurs émotions.

« L'enfant est comme un baromètre, il ressent toutes les ambiances, sans les comprendre, d'où son besoin d'être rassuré, en étant informé de tout ce qui peut le concerner ».

De pouvoir comprendre et percevoir ce côté invisible, a donné à cet enfant, une image de pouvoir, de puissance, qui lui a permis de se rassurer, il ne voyait pas son côté abandonné. Il maîtrisait ainsi un pan de la relation humaine, non visible à une majorité des gens, cela lui a permis de se structurer.

« Ce que les adultes ne faisaient pas, l'enfant est allé le rechercher, savoir pour exister et être rassuré, comme une personne à part entière ».

Il est devenu plus mature que la moyenne des enfants de son âge, mais toujours en attente d'une information, il était tourné vers les adultes, la vie des personnels de l'hôpital était comme une pièce de théâtre, dont il faisait partie. Il essayait de comprendre la trame qui motivait et structurait les comportements et les agissements, pour prévoir quand il serait concerné par ces allées et venues.

« Le manque de cadre sécurisant, met l'enfant dans un piège, il va subir, en devenant une victime ou il va développer des comportements pour survivre ».

Le vide relationnel le laissait dans un manque, qu'il a comblé en s'inventant un copain, avec qui, il partageait ses inquiétudes, ses joies, ses histoires, sa souffrance, c'était son compagnon de jeux, ressource, mais aussi handicap, car cela venait conforter la difficulté à communiquer son état d'âme, donc de l'essentiel, avec les adultes.

« Dans ce manque de stimulation, l'enfant peut partir dans une forme autistique, dans son monde. La construction d'un support virtuel, peut aider l'enfant à attendre la venue d'un adulte ».

Cette épreuve, il l'a vécue pendant 7 ans ; avec les phases ou il était bloqué sur son lit plâtré, dans l'impossibilité de bouger, les phases où il était opéré et après dans de la rééducation.

Il pourra me dire que dans son souvenir, il n'y avait pas eu de projection dans un futur, le temps n'avait pas compté, il n'avait connu que le milieu hospitalier, pas de début, pas de fin. Quand il a pu commencer à se déplacer dans l'hôpital, il faisait partie de la maison, il était la mascotte des soignants et des médecins.

« La vie d'un enfant, se construit dans du relationnel humain, mais aussi avec le monde extérieur, nous avons besoin de nous confronter avec ce qui est inconnu, pour nous stimuler et nous permettre d'inventer d'autres scénarios relationnels ».

Devenu adulte, il a pris l'option d'être dans l'accompagnement des gens, il est devenu psychologue, avec une capacité à écouter les gens, à rentrer dans leur histoire, ce qui lui a permis d'être reconnu dans sa profession comme étant compétant.

« Il avait le cadre, qui lui permettait d'entendre les adultes dans leur mal-être, tentative de réparer son histoire ».

Dans sa vie affective, il rencontre une femme avec qui il a deux enfants, sa femme le quitte, son deuxième enfant a l'âge qu'il avait en rentrant à l'hôpital, un an et demi.

« Tout ce qu'il avait construit, pour se protéger et mettre sa souffrance à distance, lui revenait de plein fouet, il revivait l'abandon de sa mère ».

Il était prisonnier de la construction du monde qu'il s'était donné pour survivre, les murs qui l'avaient structuré, devenaient sa prison, la réponse qu'il a trouvée, ce fut un état dépressif qu'il essayait de juguler avec de l'alcool.

« Ce point d'honneur à ne rien demander, devenait son handicap, les adultes ne lui avaient pas appris à dire ».

La prise de conscience de son état, grâce aux regards et aux liens affectifs des gens de son entourage, a permis de ne pas sombrer dans cette dépendance, trop profondément.

« La prise en compte du mal-être d'une personne, peut lui permettre de se sentir reliée à la dimension affective, d'être reconnue dans son identité d'être humain et ainsi de trouver la ressource pour faire la démarche de se faire aider ».

Venir pour demander de l'aide, c'était nouveau pour lui, car il se mettait en conflit avec la part du petit garçon en lui, qui n'avait pas pu dire sa souffrance d'être séparé de ses parents et qui s'était fait un point d'honneur à se taire.

« Nous retrouvons dans le vécu de cette personne, comment les souffrances, qui n'ont pas été prises en compte, complexifient les interactions, qui conditionnent notre vision du monde, notre façon de penser et les comportements qui en sont directement la conséquence. Ces comportements, qui nous ont permis de traverser ces souffrances, peuvent devenir notre difficulté, voire même, nous empêcher de faire face aux stimulations que la vie nous propose, dans les similitudes et les redondances des scénarios de vie ».

L'adulte et la rencontre masquée

C'est l'histoire d'un homme qui est venu me voir avec sa femme, ils avaient besoin de comprendre leur parcours de couple, pourquoi ils s'étaient rencontrés et pourquoi ils étaient dans un processus de divorce.

Ils ont fait un parcours de quelques séances, ce qui leur a permis de boucler leur relation, de rester en bonne intelligence, surtout pour leurs deux enfants.

J'ai revu cet homme, deux ans plus tard, il venait me voir pour une histoire particulière, quand je lui ai demandé ce qui le ramenait ; Il me dit qu'il était envoûté, il disait cela d'un ton, mi-figue, mi-raisin.

Cet homme me raconte, qu'il est beaucoup sur la route, son travail lui fait faire beaucoup de déplacements, au cours d'un déplacement, il a rencontré une femme sur Paris et ils ont eu un coup de foudre, ils ont passé un week-end d'amoureux.

Cette femme venait de l'Est de la France, l'éloignement géographique, a fait qu'ils se sont revus un week-end quinze jours plus tard et là, il n'a pas pu avoir d'érection. Déçu, mais l'espoir a fait, qu'ils se sont rencontrés quinze jours plus tard et à nouveau, même réaction de sa part, devant cet état de fait, ils décidèrent de mettre fin à leur relation.

La vie a repris son cours, quelques mois plus tard, il rencontre une autre femme et à nouveau, coup de foudre, ils ont vécu la passion pendant tout un week-end, l'éloignement a fait, là aussi, qu'ils ne pouvaient se voir que tous les quinze jours.

Il me raconte qu'il avait parfois des pannes sexuelles, mais la vie entrecoupée de leurs rencontres, reprenait son cours normal, son amie lui demande de vivre ensemble, elle était prête à déménager ; Pour lui, ce fut l'annonce d'une perte complète d'érection.

Devant la reproduction de sa perte d'envie sexuelle, je lui ai demandé la date de naissance de la première femme qu'il avait rencontrée, elle avait la même date de naissance que sa mère, la femme avec qui il était actuellement, avait une date à quatre jours près, identique à son père.

« Nous pouvons voir la résonance et l'impact de ces dates sur l'inconscient, l'attirance qu'il avait vécue, vis-à-vis de ces deux femmes, venait mettre en évidence son besoin de faire du lien avec ses parents et surtout leur manque de démonstration affective à son égard ».

« Nous ne pouvons que rester humbles, devant le pouvoir du mental, cet homme inconsciemment, avait reconnu dans ces femmes, un parent, comme une réponse à son besoin affectif d'enfant. Mais la morale judéo-chrétienne vient mettre une protection, l'interdit de l'inceste, donc de l'impossibilité de vivre l'acte sexuel ».

« Cet homme a pu consciemment choisir, grâce à son inconscient, une femme, pour vivre une expérience, sur le chemin de la compréhension de ses blessures et se donner une nouvelle chance et la possibilité de trouver des réponses pour les réparer, les résoudre et reprendre le cours de sa vie ».

L'adulte et la rencontre cachée

Un homme vient me voir pour comprendre ce qui lui arrive : Il me dit, tout de go, je crois que je porte malheur !

Il me raconte qu'il s'est marié, à vingt-deux ans et que son père est décédé trois mois après le mariage.

La femme qu'il a épousée, est tombée malade, d'une sclérose en plaques, six mois après le décès du père.

Il a porté sa femme symboliquement, dans le parcours de lutte contre sa maladie et ce, pendant une dizaine d'années, au cours desquelles, elle a progressivement perdu toute possibilité de s'assumer, elle est depuis cinq ans dans un fauteuil roulant, il reste avec elle, comme un engagement, il ne peut la quitter.

Dans un commun accord avec sa femme, il n'y a plus de relations sexuelles entre eux, il a pris une maîtresse et là, elle vient de déclarer un cancer du sein, d'où sa vision de porter la poisse.

En rentrant dans son histoire, nous avons trouvé la clef qui permet de comprendre sa vision plutôt culpabilisante.

Il me raconte que ses parents, quand ils ont décidé d'avoir un enfant, c'était lui, son père a déclaré une sclérose en plaques, quand sa femme était enceinte de six mois.

Pendant toute son enfance, il a grandi à côté d'un père qui portait les stigmates de la maladie et au fur et à mesure qu'il grandissait, son père faisait le chemin inverse, il diminuait.

La suite, nous la connaissons, il a donc grandi à côté d'une mère peu disponible, toute tournée vers son mari, d'où le modèle d'être au service de celui qui est malade.

Il a inconsciemment repéré, tous les signes cliniques non visibles de la progression de la maladie chez son père, il a gardé la mémoire de tous ces traits unaires, au point de reconnaître, les similitudes de comportement, toujours inconsciemment, dans une jeune femme qu'il a croisée quand il était étudiant.

Il en est tombé amoureux ; (*l'amour est une forme d'hypnose qui empêche de voir la réalité de ce qui est, de ce dont nous avons besoin pour avancer sur le chemin de l'évolution*) c'est là que nous pouvons voir, la manipulation que l'inconscient nous propose pour rester loyal à des schémas vécus ou d'héritage.

« Cet homme avait été programmé par le contexte de vie dans lequel il avait évolué, au point de ne pas pouvoir envisager un autre scénario, il était comme sa mère, au service de, avec de la culpabilité d'avoir des envies de vivre, autrement que comme garde malade ».

« Sa femme en lui proposant qu'il puisse avoir une liaison, elle voyait son état, et lui en acceptant, se retrouvait comme un petit garçon qui a la permission d'aller jouer, mais avec la culpabilité d'abandonner sa mère, la culpabilité était ce qu'il avait trouvé pour expliquer son état émotionnel ».

L'adulte et la rencontre de son alter ego

C'est un couple de trente ans, qui vient pour comprendre la difficulté qu'ils ont à cohabiter, ils sont mariés et ils ont un enfant d'un an.

Ils se sont connus au lycée, depuis l'âge de 16 ans, ils ont fait le même parcours universitaire, ils ne se sont jamais quittés ; Ils peuvent me dire, l'un comme l'autre, qu'ils ne peuvent pas rester longtemps sans se voir et pourtant, dès qu'ils sont ensembles, ils se chamaillent, ils font tout pour se mettre à distance.

Leur difficulté s'est surtout amplifiée à l'arrivée de leur fils, l'équilibre qu'ils avaient trouvé a été rompu.

Leur histoire reste dans une suite logique de leur lignée familiale, mais avec une particularité qui est incontournable tant elle est signifiante.

Ils ont la même date de naissance, juste l'année qui est différente, en remontant dans leur génogramme, nous pouvons voir, que leur date de naissance est associée ;

* Pour lui, à sa grand-mère maternelle, qui a été orpheline très jeune, elle est en plus sa marraine, sa mère était sûrement dans un besoin de faire un cadeau à sa propre mère, ne pas la laisser seule, de la rassurer sur le lien de filiation, il est comme son jumeau.

* Pour elle, un oncle décédé très jeune dans la fratrie de son père et en plus, elle a le même prénom, Dominique, elle vient symboliquement remplacer cet enfant décédé, elle est comme son jumeau.

Ils ont tous les deux reçus le même message, ils sont accolés à un personnage virtuel, ils ne peuvent rester seuls en tant que jumeau, ni rester proche sans être en contradiction avec l'héritage de la distance.

L'arrivée de leur enfant, vient titiller tous ces paramètres relationnels ;

* Pour lui, l'enfant peut être abandonné, comme sa grand-mère, il retrouvait l'abandon symbolique de sa mère et la souffrance non exprimée du système familial.

* Pour elle, l'enfant peut décéder, comme son oncle, elle retrouvait l'abandon symbolique de son père, de sa mère et la souffrance non exprimée du système familial.

Cette prise de conscience de ce schéma relationnel particulier, leur a permis de faire le chemin, pour se désengager de ce lien de dépendance paradoxal et poursuivre leur relation de couple ou pas, ils avaient besoin de prendre une place, leur place pour se différencier et s'affirmer dans un peu plus d'ego.

« Notre inconscient, dans le choix de nos rencontres affectives, amicales ou amoureuses, repère la marque de signifiants tels que les dates de naissance, les prénoms, les traits unaires que nous retrouvons dans des comportements, des attitudes, comme des marques de fabrique, des postures, des silhouettes, le ton de la voix, autant de signifiants que notre conscience ne voit pas, mais que notre inconscient détecte ».

Conclusion

En tant que psychothérapeute, ma pratique m'a permis d'approcher un certain nombre de systèmes vivants et de les étudier, en individuels, en couples, en familles et en institutions pour la supervision des professionnels, dans leur activité d'accompagnement éducatif ou thérapeutique.

L'analyse de tous ces systèmes, met en évidence une constante, nous sommes tous complètement dépendant de notre héritage familial. Notre liberté d'action, ne peut donc se réaliser que par une prise de conscience de cette réalité et de poser des actes en conséquence, pour nous différencier de cette programmation.

En tant que thérapeute, l'approche de la personne dans un accompagnement en individuel, se fait pour la première rencontre :

Accueillir : Il est important de prendre le temps, d'entendre le mal-être, la souffrance de la personne. Mais déjà là, tout peut se trouver piégé par la dualité qu'il y a en chacun de nous.

Le thérapeute peut se situer à plusieurs niveaux dans son écoute et dans son ressenti.

La personne qui vient dans une demande, peut également se situer à plusieurs niveaux :

Elle est en difficulté face à une situation et elle a besoin d'un regard extérieur pour faire le tri dans ce qui la préoccupe. Nous pouvons voir une problématique qui vient d'une remontée émotionnelle de son enfance, ce qui la trouble, elle ne peut réfléchir posément, mais elle a la ressource pour trouver la ou les solutions à sa problématique.

Le thérapeute doit à ce moment-là, rester en écoute active, reformuler ce qu'il entend, sans imposer sa vision, pour aider la personne à prendre sa décision. Il doit rester dans une position basse. Ne pas vouloir garder ou prendre le pouvoir, c'est permettre à cette personne de rencontrer à travers la relation thérapeutique, un lien avec un bon parent, la possibilité de se recentrer et aussi de retrouver son pouvoir de décision.

Elle vient dans une demande, cette demande la met en position basse et elle donne ainsi du pouvoir au thérapeute, qui lui, doit entendre le message implicite pour favoriser l'émergence d'un retour, pour la personne, à l'estime de soi.

Il suffit parfois d'une ou de deux séances pour permettre ce retour à l'autonomie de l'Être.

Elle est en souffrance et elle vient pour demander que nous entendions son mal-être.

Cette demande peut s'articuler sur plusieurs plans :

– La personne vient dans une démarche personnelle et individuelle, la souffrance est ciblée, une perte, telle que le décès d'un proche, une séparation de couple et la personne a besoin d'un support relationnel bienveillant, pour pacifier cette blessure. Être accompagnée dans ce processus de deuil, lui permet ou favorise les différentes phases de ce parcours et l'aide à retrouver des liens familiaux et sociaux.

– La personne vient, envoyée par un médecin ou par une connaissance, elle peut se retrouver comme handicapée de son identité et de son jugement, elle peut être prête à tout accepter pour se faire entendre et que nous prenions en compte sa souffrance.

(Elle risque de venir, plus pour obéir au lien de confiance qu'elle a vécu avec la personne qui l'envoie, que dans une démarche volontaire).

Elle peut se sentir, en même temps, reconnue et abandonnée, elle peut se trouver dans une dualité entre ces deux personnes, le thérapeute et la personne qu'il l'a envoyée faire la démarche.

(Si c'est une personne proche, il peut être souhaitable qu'elle soit là pour servir de passerelle).

Elle peut aussi venir dans une délégation de confiance, quand c'est un médecin ou une personne à qui elle a donné beaucoup de pouvoir, qui envoie vers un thérapeute, il devient la personne ressource.

(Il est toujours important de prendre le temps, de connaître le lien qui existe avec la personne qui envoie, si le lien est un lien de dépendance, la personne peut, pour devenir libre, mettre en échec le parcours thérapeutique, ce qu'elle n'a pas fait avec l'autre personne, à cause d'un lien affectif, elle peut le mettre en place dans le parcours thérapeutique).

Dans tous les cas, il est important de permettre à cette personne de s'approprier la démarche ou elle restera comme une patiente, (*pas comme une cliente*), qui attend que nous fassions pour elle, avec le risque de se mettre inconsciemment en échec pour rester dans le lien d'accompagnement ou pour prendre une place d'affirmation de son identité dans le contre.

Les conséquences, de cette forme de demande, peuvent mettre en difficulté la suite de la rencontre. Il peut être important de prendre le temps de regarder avec la personne, l'investissement qu'elle a mis dans cet autre lien, voire de faire venir la personne relais ou par un support métaphorique, pour trianguler et plus facilement sans différencier.

« Si nous n'avons pas été attachés, dans un lien de qualité (affective), dans notre parcours d'enfant, nous ne pourrons pas être libres dans notre décision et dans notre identité, la liberté ne peut se vivre, que parce qu'il y a eu ce lien de dépendance (affective), principalement avec la mère ».

Si nous n'arrivons pas à aider la personne à se différencier de celui ou celle qui envoie, il y aura comme une dualité qui la maintiendra dans son mal-être.

Ne jamais se substituer à un membre de la famille, *(ce qui sous-entendrait un contre-transfert),* la personne déstabilisée, pourrait faire un transfert qui la maintiendrait dans cette posture d'enfant, avec le sentiment d'être prise en compte, mais en même temps, invalidée dans sa posture d'attente, d'attendre qu'on l'aide à grandir.

Le thérapeute, à ce moment-là, doit être un simple relais, une personne-ressource qui permet de faire la transition, d'une posture de quelqu'un en souffrance, comme un enfant et de l'accompagner, vers des personnes signifiantes de son réseau de vie, de l'aider à grandir dans une image d'elle plus adulte, ce qui lui permettra d'être plus à même d'accepter la réalité.

Elle est blessée, elle vient d'être agressée, physiquement ou psychologiquement, pour chaque problématique et surtout pour chaque personne, il y a une façon de vivre les événements, il y a une particularité et il ne faudrait pas faire l'économie d'aller rechercher ces nuances de la réalité de l'autre, pour ne pas confondre la carte et le territoire.

Si cette agression vient de l'extérieur au système familial, il y a à comprendre pourquoi la famille ne peut pas l'aider, cela donne déjà un début de compréhension des liens de cette personne avec son environnement.

Devant la souffrance, il faut accueillir, ne pas s'approprier, respecter là où la personne se trouve et l'accompagner dans un processus de réparation qui ne peut que trouver du sens par une mise en accusation de l'agresseur et d'aller porter plainte devant la justice, retrouver le respect de son identité, se faire respecter.

Si cette agression vient de l'intérieur du système familial, le parcours est assez similaire, la différence principale, c'est que la personne qui a été agressée, peut devenir son propre empêchement à sortir de cette problématique.

Elle peut être dans une dualité, une part d'elle qui veut faire entendre sa souffrance et une part qui vient demander sur un plan inconscient, aidez-moi à rester loyale à ma famille.

Cela s'appelle de la loyauté au clan et de la soumission au bourreau ou à sa projection sur une autre personne qui devient le bras armé du prédateur de l'enfance.

Le parcours de restauration de son image d'adulte digne de respect, peut parfois prendre du temps, il est toujours difficile de démystifier le côté noir d'un parent, cela passe par la possibilité de faire la différence entre la partie positive du personnage familial et de voir la face cachée, pour pouvoir là aussi rentrer dans un processus d'accusation, passage obligatoire pour retrouver l'estime de soi.

– **Elle est en dépression**, elle attend une prise en compte de son mal-être, la difficulté qui peut être rencontrée, c'est de trouver l'élément déclencheur de son mal-être, la personne se retrouve dans une souffrance qui la submerge, elle ne peut que rester dedans et elle attend que nous la rejoignons dans son monde.

Là aussi, il faut du temps, qui peut être variable d'un individu à l'autre, pour lui permettre de regarder les éléments qui ont pu amener ce mal-être et voir le parallèle avec des blessures non résolues de son enfance.

Le retour à une norme émotionnelle ne peut que se réaliser par une compréhension et une réparation de ces blessures de l'enfance et aussi en aidant cette personne à retrouver des liens affectifs et amicaux.

Nous ne pouvons pas rester seuls dans une problématique de souffrance. Quand la souffrance est trop aiguë, avec le risque d'un passage à l'acte suicidaire, de se laisser aller à une non envie de vivre, une autre forme de suicide, nous devons diriger cette personne vers un support logistique de proximité, l'aider à prendre la décision de rentrer dans une structure.

Le thérapeute et le couple

Les couples viennent pour plusieurs causes :

– La tromperie ou suspicion, avec des causes et des conséquences multiples, agressivité, violence, dépression.

– Le conflit entre les deux personnes,

– La maladie de l'un du couple.
– L'inquiétude pour un enfant.

Le thérapeute et la tromperie dans le couple

Il doit pouvoir rejoindre les deux parties, que chaque personne se sente entendue et comprise dans ce qu'elle vit et ainsi permettre à chacun de trouver du sens dans ce qui lui arrive.

Pour cela il doit permettre, dans le cas d'une tromperie, que celui qui sort du contrat, puisse reconnaître l'acte qu'il a posé et il doit aussi aider la personne qui a subi la trahison, à être prise en compte dans ses sentiments.

Si l'envie de continuer dans le couple existe, aider les deux personnes à regarder le pourquoi elles en sont arrivées là et comment sortir d'une situation, pour l'un quoi faire de sa culpabilité et pour l'autre quoi faire de sa souffrance.

Le vécu, de chaque personne dans sa propre famille, peut donner comme une forme de miroir et de compréhension aux comportements qui posent problèmes dans le couple.

Dans cette situation, le risque est énorme de tomber dans une forme de piège, d'être aspiré dans une attirance et de faire alliance avec l'un ou l'autre des personnages, toujours à travers notre représentation inconsciente de la relation du couple de nos parents.

Le thérapeute peut aussi se faire aspirer, manipuler par la souffrance de la personne trompée, de se faire manipuler par la colère de l'un ou l'autre du couple et se positionner dans le contre ou dans le pour.

Le thérapeute et le conflit entre les deux personnes

Il peut y avoir une forte ressemblance avec la situation précédente ; là où il peut y avoir une différence, c'est que ni l'un ni l'autre n'a envie de se séparer (*il y a toujours des cas d'espèces*), ils sont dans un conflit plus ou moins ouvert, le conflit ou l'insatisfaction des deux personnages, reste la norme, ils en ont besoin.

Le conflit comme mode relationnel ; cette forme de lien s'appuie sur un vécu familial de l'histoire de chacun, proche, égale danger, loin égale danger, le conflit permet d'être ensemble et loin à la fois.

Les aider, c'est leur permettre de comprendre le côté positif de leur fonctionnement, à quoi cela sert, ce qui pour la moyenne des gens, s'appelle un dysfonctionnement.

« Il n'y a pas de dysfonctionnement dans la vie, il n'y a que des comportements qui ne sont pas reliés à du sens, il nous appartient en tant que thérapeute d'aider les gens à trouver ce sens, pour ne pas être dans le jugement de valeur ».

Le thérapeute et la maladie de l'un du couple

Il doit pouvoir rejoindre les deux parties, que chaque personne se sente entendue et comprise dans ce qu'elle vit.

La personne qui est atteinte d'une maladie grave, se bat contre la maladie avec la possibilité d'une fin annoncée et l'autre personne qui est témoin de cette lutte, reste parfois comme impuissant à aider, il n'est plus le compagnon, parfois relégué au rôle de soignant.

Le thérapeute, doit comme toujours, rester à sa place de témoin et de guide pour aider ces deux personnes à retrouver du sens dans ce qui leur arrive, les aiguiller vers une dimension de ce qui a fait leur couple, l'amour qui les a réunis, la tendresse et une dimension spirituelle, ce qui peut les aider à donner du sens à ce qu'ils sont entrain de vivre.

Le thérapeute doit, lui aussi en parallèle, se poser cette question essentielle, de sa place dans le processus de la vie et de la mort, de voir les résonances personnelles, vis-à-vis de ce thème particulier, pour ne pas se projeter dans la place de l'un ou l'autre du couple.

« Nous ne pouvons pas faire l'impasse de ce questionnement et de cette dimension spirituelle qui est en nous, pour accompagner dans de la simplicité et de l'authenticité, là où les personnes dans leur quête de se situer dans un processus d'une perception plus universelle, par de l'écoute et une présence, d'une chaleur humaine, que nous appelons amour ».

Le thérapeute et le couple, l'inquiétude pour un enfant

Le thérapeute peut se retrouver dans la configuration du triangle majeur, prisonnier d'une représentation de son père et de sa mère et être projeté dans ce qui fait problème pour ces deux personnes, elles ont besoin d'être rassurées.

Comme dans toutes relations avec deux personnes, nous nous retrouvons symboliquement dans la place de l'enfant avec ses deux parents.

Il peut prendre le rôle qu'il a pu vivre dans sa famille et la place d'enfant, qui prend partie pour l'un des parents, qui se sent dépositaire de la demande, donc de la souffrance. Il peut essayer de trouver les réponses pour les rassurer et ne pas permettre aux parents de faire le chemin de la compréhension de leurs difficultés.

Les parents, ils montrent qu'ils sont déstabilisés, en fonction de la cause de leurs inquiétudes et de l'âge de leur enfant, il appartient au thérapeute de les rejoindre dans l'image de mauvais parent et de la culpabilité qui peut en découler.

Comme dans toutes les situations de mal-être, de souffrance qui ne trouve pas de sens dans la réalité d'ici et maintenant, il peut être important, d'accompagner le couple à regarder dans leur histoire familiale, s'il y a des similitudes de comportement d'une personne et des résonances émotionnelles qui en découlent, vis-à-vis du thème qui les préoccupe.

Le thérapeute et la famille

La famille se compose au minimum, de trois personnes, les parents et un enfant, avec parfois une grande famille cinq, six enfants ou plus, ce qui complexifie la tâche du thérapeute, qui doit rester si possible, en lien avec chaque niveau générationnel et relationnel.

La première démarche, c'est d'identifier ce qui fait problème, la souffrance d'un enfant, ce qui lui fait avoir des comportements inadaptés ou un comportement qui est une tentative inconsciente de l'enfant pour aider le système famille à voir la souffrance non exprimée de l'un du groupe.

Les causes les plus représentatives de la venue d'une famille, c'est le dysfonctionnement d'un enfant et les conséquences sur la famille, il n'obéit pas à l'injonction, au recadrage, il montre un comportement qui désoriente les parents.

Il appartient au thérapeute de faire parler chaque personne en présence, voire prendre en compte la vision des membres de cette famille qui n'auraient pas pu venir, les inclure spatialement dans le groupe.

De voir, à quoi peut servir le symptôme, quelle est la fonction du problème de cet enfant dans le système familial, amener les parents à regarder dans leur famille respective et voir quelles réponses leurs parents avaient trouvé.

Voir ce qui les maintient dans cette impuissance à aider leur enfant, voir en quoi cela peut les mettre en obéissance avec leur famille respective et les aider à inventer des ressources.

Le thérapeute et le contre-transfert

Quand ce processus relationnel se met en place, c'est que la personne (client(e)), ce qu'elle est, mais aussi la particularité de ses blessures, font résonances pour nous et nous sommes aspirés dans sa problématique ».

Il est très important d'avoir une connaissance de ses propres blessures, si possible, de les avoir prises en compte, d'avoir fait le parcours de cicatrisation et d'avoir démystifié la posture de survie qui en avait résulté.

Le thérapeute est, dans une posture d'interface entre l'histoire du client et l'histoire de son clan d'appartenance ;

Entre ce qu'il voit du client, homme ou femme, jeune ou âgé et la résonance sur lui de ce qu'il voit, (attirance ou répulsion).

Entre ce qu'il entend de l'histoire du client(e) et la remontée inconsciente, de parallèles avec sa propre histoire familiale (devenir sourd pour se protéger ou devenir héros).

Entre ce qu'il sent du client, sur un plan olfactif, avec les images conscientes ou inconscientes que les odeurs peuvent nous proposer (attirance ou répulsion).

Entre ce qu'il ressent du client, conséquence de ce qu'il voit, de ce qu'il entend et de ce qu'il sent, toute une palette émotionnelle qui peut ramener une posture de survie (victime ou héros) rôle, que le thérapeute enfant a vécu, subi et qui est devenu son identité.

Pour le thérapeute, son principal outil pour accompagner un système vivant, une personne, un couple, une famille, un groupe, c'est la connaissance de son histoire.

Surtout, de s'autoriser à décoder son ressenti, dans la rencontre avec un système vivant, ce que je ressens me donne une information sur ma sensibilité, qui est la conséquence de mes anciennes blessures.

Si j'ai accès à la réalité de ce que j'ai vécu et hérité de mon système familial, mon ressenti me donnera une indication de la problématique du système vivant que je rencontre et de comment le système que je rencontre, vient stimuler ma résonance (le pourquoi et le comment).

Il faut bien sûr rester très vigilant à ne pas projeter sa propre histoire sur le système que nous accompagnons, nous regardons autour de nous à travers un filtre, conséquence de notre vécu, qui va mettre en surbrillance certains paramètres, voire en occulter d'autres, surtout s'il reste des zones d'ombres dans notre histoire.

D'où le besoin d'avoir une aide extérieure pour prendre ce recul nécessaire à une bonne analyse de la situation, une supervision.

Le thérapeute et les groupes en supervision

L'accompagnement d'un groupe de professionnels, se situe à plusieurs niveaux :

Une prise en compte de leur contexte de travail et des attendus de leur fiche de poste.

La Supervision est une aide aux personnels pour une meilleure compréhension des gens qu'ils accompagnent.

(les aider à regarder les difficultés des gens accompagnés, en comprenant, leur parcours, d'où ils viennent et leur héritage familial, sur un plan affectif et relationnel).

Trame de réflexions :

Apprendre à échanger sur leurs difficultés, en se servant de la ressource du contexte, le fait d'être en institution et d'avoir des collègues.

(Entretenir des liens en intra, c'est se différencier des gens accompagnés qui eux sont souvent coupés, d'où leur difficulté, de lien affectif et amical).

– Ne pas garder leur difficulté, se mettre en situation de lien et s'autoriser à demander de l'aide.

(Qu'est ce que la difficulté vient dire de l'interaction entre les deux parties, comment trouver ce qui est positif, dans le fait d'être, dans une impasse).

– Apprendre à écouter les difficultés de l'autre.

(*Regarder comment les difficultés de l'autre résonnent sur sa propre histoire*).

– Être ressource face aux difficultés de l'autre.
(Ne pas s'approprier les difficultés de l'autre, mais voir les résonances sur soi et s'en servir pour donner des pistes de réflexion).

La complexité et la diversité des gens accueillis ou accompagnés, peut amener un morcellement.
(La souffrance des gens accompagnés, peut entraîner le professionnel dans sa propre souffrance et le couper de sa capacité de réflexion, d'être dans une réaction de survie).

– Leur permettre de se recentrer.
(Aider à maintenir un contact avec leur ressenti, qu'est ce que je ressens de ce que je vois et de ce que j'entends).

– Les ramener dans une perception d'eux-mêmes.
(Les mettre en contact avec ce qu'ils vivent comme difficultés dans l'accompagnement).

– Réflexion sur le contenu avec le vécu de chacun.
(Comprendre les difficultés de l'autre, à travers le filtre de sa propre histoire).

– Voir où sont ses limites, c'est déjà les dépasser.
(Connaître ses blessures, c'est ne plus les subir).

– Les repérer, pour situer son effort dans le sens d'une progression.
(Comprendre ses blessures, d'où elles viennent, peut permettre de faire évoluer notre comportement et de trouver d'autres réponses, d'autres scénarios, qui vont bénéficier aux personnes accompagnées).

– Pouvoir échanger avec ses collègues, pour rompre l'isomorphisme.

(Il est très facile dans un groupe, d'être aspiré dans une réflexion commune et ainsi de perdre son libre arbitre. Il y a un nivellement par le bas, comme une réponse inconsciente à la déstabilisation ou à la souffrance d'une personne, ne pas en rajouter pour ne pas devenir coupable de faire du mal, d'où le repli sur soi).

Les outils théoriques pour l'accompagnement :
(Approche systémique, Gestalt, PNL, Analyse transactionnelle).

Le plus important est d'être à l'écoute des personnels et de créer ensemble ce qui sera le plus ajusté pour répondre à la demande.

« C'est une façon de recréer un contexte similaire, à ce qu'ils vivent dans l'accompagnement des personnes sur le terrain, dans une forme de dichotomie :

Où ils sont à la fois, accompagnant et accompagné !

De pouvoir dans chaque identité :

Ressentir les blocages, ce qui retient, ce qui freine, donc l'impuissance et la souffrance qui en résulte, voir la culpabilité de ne pas répondre à la demande de la personne qu'ils accompagnent, mais aussi de la hiérarchie.

Ressentir les ressources nécessaires à la résolution des problèmes, celles qui n'ont pas encore été exprimées.

De sortir de leur mimétisme avec les gens accompagnés, ce que nous appelons l'effet de résonance.

De mettre plus d'humanité dans le rapport aux autres, mais surtout avec soi, ne pas s'oublier ! ».

Thérapeute

Ce qui m'a aidé dans ma pratique de thérapeute, c'est toute une construction du monde que mon système familial, m'avait donné à vivre, voir à subir et un chemin de vie qui m'a fait rencontrer d'autres personnes qui m'ont permis de vivre des apprentissages différents, donc complémentaires.

J'ai vécu comme beaucoup d'enfant, avec de la fierté à suivre mon père, dans sa capacité à voir très rapidement ce qu'il devait faire, son approche de la matière et sa capacité à la transformer.

Cela a été pour moi comme une initiation, ce qui est le cas, dans la relation maître et élève, apprendre, c'est regarder, pour pouvoir au bout d'un temps variable d'un élève à un autre, prévoir ce que le maître avait besoin et devancer sa demande.

Le passage a l'autonomie du geste juste, sous le regard du maître qui encourage par un silence d'approbation, donne beaucoup de satisfaction, jusqu'au jour où l'autonomie devient complète.

Il y a une validation de confiance du savoir-faire, mais aussi de ce que l'on est, on a été jaugé dans une maturation de l'Être et dans une attitude intérieure juste.

Dans mes apprentissages, ce qui reste un support important pour rencontrer la personne en demande, c'est de rester centré en gardant ma respiration abdominale, concrètement de garder la conscience de l'effet sur moi de ce que je vois, de ce que j'entends, de ce que je ressens, comme autant d'information de ce que mon inconscient a décodé.

Mon éthique dans la rencontre avec une personne en demande :

C’est de la considérer dans sa globalité d’Être.
Sur un plan humain, mais aussi spirituel.
De ne pas faire uniquement de l’écoute, pour l’écoute.
D’entendre ce qui est dit et comment c’est dit !

Le choix des mots
Les intonations
Les répétitions
Les émotions
Les silences
Ce qui n’est pas dit.

De laisser flotter tout ce qui semble anachronique, dérangeant ou trop parfait.
Tout ce qui n’est pas dans la norme, tout ce qui dérange nos croyances.
Tout ce qui est dans la norme, tout ce qui conforte nos croyances.
D’accepter de laisser notre inconscient nous donner une vision globale, comme un puzzle qui se mettrait en forme spontanément.

En espérant que vous aurez pris autant de plaisir à lire ce recueil, de constats, d’idées, de pistes, de réflexions, que moi à les écrire, dans une ambiance musicale :

Dire Straits – Sultans Of Swing – The Very
Best Of Dire Straits “Brothers In Arms”

« Vivre dans l’ici et maintenant dans une attitude juste »

Alterius non sit qui suus esse potest
(Qu’il ne soit pas un autre celui qui peut être soi-même)
Paracelse

SYMBOLES POUR LA CONSTRUCTION D'UN GÉNOGRAMME

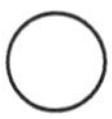
Sexe féminin (grand-mère, mère, sœur)

Sexe masculin (grand-père, père, frère)

Lien de couple (marital)

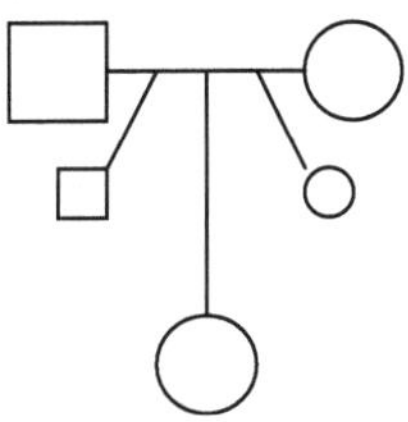
Lien parental avec les enfants

La personne qui vient consulter, position décalée

Numéro d'ordre de l'arrivée dans la fratrie

Enfant ou adulte décédé

Initiales :

GP - grand-père
GM- grand-mère
P – père
M - mère

Bibliographie

Titre	**Nom de l'auteur**	**Éditeur**
La création du système thérapeutique	Ackermans, Alain	ESF
Le choc amoureux	Alberoni, Francesco	Ramsay
Le moine et le psychiatre	Amédée, Père	Bayard
Développement personnel et homosexualité	Aumont, Arielle	Épi
Aïe, mes aïeux !	Ancelin Schûtzenberger, Anne	La Méridienne
La forteresse familiale	Andolfi, Maurizio	Dunod
La thérapie avec la famille	Andolfi, Maurizio	ESF
L'entretien avec l'enfant	Arfouilloux, Jean-Claude	Privat
La compétence des familles	Ausloos, Guy	Érès
Développement personnel et Homosexuel	Aumont, Arielle	Épi
Le dialogue	Aumont, Arielle	Centurion
La mort à vivre	Autrement, revue	Autrement
La charité	Autrement, revue	Autrement
L'amour en plus	Badinter, E.	Flammarion
La sexualité de groupe	Bartell, Gilbert	NOE
Dictionnaire clinique	Benoît, Jean-Claude	ESF
Le travail thérapeutique avec la famille	Berger, Maurice	Dunod
Analyse du caractère	Berger, Gaston	PUF
Psychologie pathologie	Bergeret, Jean	Masson
L'amour	Bergeron, Dr G. et TH.	Centurion
Le corps	Bernard, Michel	EU
Les filles et leurs pères	Bersihand, Geneviève	Laffont
Dictionnaire d'information sexuelle	Bertrand, Paul	Privat
Pour être des parents acceptables	Bettelheim, Bruno	Pluriel
Parents et enfants	Bettelheim, Bruno	Laffont
Le très bas	Bobin, Christian	Gallimard
Rendez-vous avec mon fils	Boissard, Janine	Poche
Les racines de l'homme	Bour, Pierre	Laffont
La différenciation du soi	Bowen, Murray	ESF
Initiation et sagesse des contes de fées	Boyes, dennis	Albin Michel
Le nouveau désordre amoureux	Bruckner, Pascal	Actuels
Quand j'avais 5 ans, je m'ai tué	Buten, Howard	Virgule
La drogue expliquée aux parents	Cahoreau, Gilles	Balland
Il était une fois...	Caillé, Philippe	ESF

Les objets flottants	Caillé, Philippe	ESF
Familles et thérapeutes	Caillé, Philippe	ESF
Un et un font trois	Caillé, Philippe	ESF
L'homme cet inconnu	Carrel, Alexis	Plon
Réflexions sur la conduite de la vie	Carrel, Alexis	Plon
L'herbe du diable et la petite fumée	Castaneda, Carlos	10 / 18
Encyclopédie des symboles	Cazenave, Michel	Livre de poche
Violences sexuelles en famille	Chemin, Annick	Érès
Dictionnaire des symboles	Chevalier, Jean	Laffont
Diagnostique de la personnalité	Clerc, Roger	Le courrier du livre
Le livre de ma mère	Cohen, Albert	Folio
Dictionnaire de l'argot	Colin, Jean-Paul	Larousse
La grossesse expérience psychologique	Colman, Arthur	Laffont
Nouveau manuel de morphopsychologie	Corman, Louis	Stock+
Psychologie des émotions et des sentiments	Cosnier, Jacques	Retz
Sous le signe du lien	Cyrulnik, Boris	Pluriel
La naissance du sens	Cyrulnik, Boris	Hachette
Les nourritures affectives	Cyrulnik, Boris	Odile Jacob
La symbolique des rêves	De la Rocherie, Jacques	Imago
Le macroscope	De Rosnay, Joël	Points
Thérapie familiale structurale	DeFranck-Lynch, Barbara	ESF
Mère et enfant	De Smedt, Marc	Mardaga
Psychologie de l'enfant	Debesse, Maurice	Bourrelier
Libido féminine	Dolto, Françoise	Ergo press
Au jeu du désir	Dolto, Françoise	Points
La cause des enfants	Dolto, Françoise	Laffont
Paroles pour adolescents	Dolto, Françoise	Hatier
L'évangile au risque de la psychanalyse	Dolto, Françoise	Points
Prison de femmes	Duché, Natacha	Denoël
L'autre semblable	Dumas, Francine	Delachaux
Groupes de rencontre marathon	Durand-Dassier, Jacques	Épi
Si tu m'aimes ne m'aime pas	Elkaim, Mony	Seuil
Tactiques du changement	Fisch, Richard	Seuil
Des enfants qui réussissent	Flak, Micheline	Épi
Analyse transactionnelle et bio-énergie	Fourcade, Jean-Michel	Delarge
Introduction à la Psychanalyse	Freud, Sigmund	Payot
L'empire des femmes	Friday, Nancy	Albin Michel
L'art d'aimer	Fromm, Erich	Épi
Le Dictionnaire de la grossesse	Frydman, René	Hachette
L'enfant ce glandulaire inconnu	Gautier, Jean	La vie claire
Toi et moi	Géraldy, Paul	Poche
Le médecin muet	Geoffroy, H.-CH.	La vie claire
Le jardin du prophète	Gibran, Khalil	Casterman
Les miroirs de l'âme	Gibran, Khalil	Sélect itée
La Gestalt	Ginger, Serge	H & G
Approche systémique et thérapie familiale	Goldbeter-Merinfeld, Edith	Privat
Violence sexuelle, inceste et famille	Goldbeter-Merinfeld, Edith	Privat
Le centre de l'être	Graf Dürckheim, Karlfried	Albin michel
L'homme et sa double origine	Graf Dürckheim, Karlfried	Cerf

L'esprit guide	Graf Dürckheim, Karlfried	Albin michel
Le livre du ça	Groddeck, Georg	Gallimard
La maladie l'art et le symbole	Groddeck, Georg	Gallimard
Dieu et la science	Guitton, jean	Grasset
Comédies et drames du mariage	Gulotta, Guglielmo	ESF
Naissance de la vie	Hachette,	Hachette
Adieu	Halpern, Howard M.	Le jour
Naître	Hamberger, Lars	Hachette
Une vie bouleversée	Hillesum, Etty	Seuil
Naître gagnant	James, Muriel	Inter édition
Le triple moi	Jaoui, Gysa	Laffont
Le nouveau cri primal	Janov, Arthur	Presse renaissance
Prisonnier de la souffrance	Janov, Arthur	Laffont
L'homme et ses symboles	Jung, C.G.	Laffont
L'homme et son message	Jung, C.G.	Planètte+
La métaphore thérapeutique et ses contes	Kerouac, Michel	M.K.R.
Peter pan ou l'enfant triste	Kelley-Lainé, Kathleen	Pocket
Le syndrome de peter pan	Kiley, Dan	Laffont
Au seuil du silence	Krishnamurti	Courrier du livre
La mort et un nouveau soleil	Kubler-Ross, Elisabeth	Le rocher
Ce que le corps révèle	Kurtz, Ron	Le hameau
La légende des comportements	Laborit, Henri	Flammarion
Soi et les autres	Laing, R.D.	Gallimard
Le Bardo Thödol	Lama, kazi Dawa samdup	Maisonneuve
Les cycles de l'identité	Levin, Pamela	Inter Édition
La peur de vivre	Lowen, Alexander	Tchou
Pratique de la bio-Énergie	Lowen, Alexander	Tchou
Le bonheur sexuel	Lowen, Alexander	Tchou
Familles en thérapie	Minuchin, Salvador	Universitaires
Une place pour le père	Naouri, Aldo	Seuil
Le couple et l'enfant	Naouri, Aldo	Odile Jacob
Les pères et les mères	Naouri, Aldo	Odile Jacob
L'irrationnel dans le couple et la famille	Neuburger, Robert	ESF
Le monde interpersonnel du nourrisson	N. Stern, Daniel	PUF
Le non-dit des émotions	Olievenstein, Claude	Odile Jacob
Filles d'Ève	Olivier, Christiane	Denoël
Le mâle aimant	Perrein, Michèle	Julliard
La psychologie de la maternité	Price, Jane	Le jour
Le vertige entre angoisse et plaisir	Quinodoz, Danielle	PUF
L'enfant agressif	Reld, Fritz	Fleurus
Le japon du silence	Rerolle, Bernard	Centurion
Pratiquer zazen	Rerolle, Bernard	L'ouvert
Nuages et eau	Rerolle, Bernard	L'ouvert
Le livre tibétain de la vie et de la mort	Rinpoché, Sogyal	La table ronde
Le pédiatre et les petits poucets	Risse, Jean-Claude	Stock
Les nouveaux groupes de thérapie	Ruitenbeek, H.M.	Épi
Apprivoiser la tendresse	Salomé, Jacques	Jouvence
Rebelles de mère en fille	Schierse Léonard, Linda	Le jour
La fille de son Père	Schierse Léonard, Linda	Le jour

Propédeutique d'une psychothérapie	Schneider, Pierre-Bernard	Payot
Boulimie-Anorexie	Salomon, Sellam	Bérangel
Le syndrome du gisant	Salomon, Sellam	Bérangel
Le sens caché des désordres amoureux	Salomon, Sellam	Bérangel
Paradoxe et contre-paradoxe	Selvini Palazzoli, Mara	E S F
Les jeux psychotiques dans la famille	Selvini Palazzoli, Mara	E S F
Dictionnaire de la psychologie	Sillamy, Norbert	Larousse
La famille comment en réchapper ?	Skynner, Robin	Eshel
Prophéte de l'homme nouveau	Steiner, Rudolf	Retz
Revivre nos vies antérieures	Teilhard de Chardin, Pierrre	Albin michel
Une logique de la communication	Watzlawick, Paul	Points
L'art du changement	Watzlawick, Paul	L'esprit du temps
Le creuset familial	Whitaker, Carl	Laffont

TABLE DES MATIÈRES

Imprimé en France
ISBN 978-2-35508-901-5
Dépôt légal : 1er trimestre 2012